博瑞森图书
BRACE

企业阅读 本土实践

3A 顾问 教育 智库

比日本工厂更高效 3

精益改善力的成功实践

刘承元◎著

中华工商联合出版社

图书在版编目（CIP）数据

比日本工厂更高效/刘承元著．—北京：中华工商联合出版社，2015.6
（工厂管理经典系列丛书）
ISBN 978-7-5158-1315-8
Ⅰ．①比… Ⅱ．①刘… Ⅲ．①工业企业管理 Ⅳ．①F406

中国版本图书馆 CIP 数据核字（2015）第 105787 号

比日本工厂更高效

作　　者：刘承元
责任编辑：于建廷　效慧辉　王　欢
责任审读：郭敬梅
封面设计：久品轩设计
责任印制：迈致红
出版发行：中华工商联合出版社有限责任公司
印　　刷：三河市文阁印刷有限公司
版　　次：2015 年 8 月第 1 版
印　　次：2015 年 8 月第 1 次印刷
开　　本：710mm × 1000mm　1/16
字　　数：630 千字
印　　张：46
书　　号：ISBN 978-7-5158-1315-8
定　　价：168.00 元（全三册）

服务热线：010－58301130
团购热线：010－58302813
地址邮编：北京市西城区西环广场 A 座
19－20 层，100044
http：//www.chgslcbs.cn
E-mail：cicap1202@sina.com（营销中心）
E-mail：gslzbs@sina.com（总编室）

博瑞森图书：企业阅读　本土实践

亲爱的读者朋友：

也许您是博瑞森图书的老读者，也许是新朋友，欢迎您阅读博瑞森图书！

当今中国，各行各业都存在着转型升级的压力与机遇。博瑞森图书与您一同应对转型挑战并发现其带来的机遇。

我们一直在问：什么样的书能为您解决管理难题并带来启发？

我们一直在找：哪些作品能帮助企业从跟随到领先？

我们一直在做：把最好的作品以最便捷的方式呈现给您，纸质版、电子版、书摘邮件、微信……

我们策划图书的原则是：

- 企业阅读——与您一样，做水中的游泳者，而非岸上的观众或教练，企业的困惑就是我们的任务。
- 本土实践——与您一样，立足本土环境，追求卓越实践，传播最适合当下中国企业的管理之道。

我们也向所有的企业管理者、管理咨询专家和企业研究者征稿，让更多被实践检验的好思想、好方法迸发出来，为企业助力！（bookgood@126.com或QQ：1963328416或手机号13611149991（微信号），绝非“自费出书”，不向作者收取任何费用）

如果有一天，您把博瑞森图书视为您优秀的事业伙伴、管理助手，我们也就实现了自己的梦想。

博瑞森图书

作者简介

刘承元

1962 年生，工学博士

现任合众资源集团董事长、清华大学外聘教授、《企业管理》《世界经理人》等权威管理杂志专栏作家、中国先进制造者联盟首席管理科学家。

一、学历和经历

1978 年－1982 年：哈尔滨工业大学获工学学士学位。

1983 年－1989 年：国家公派留学日本，在大阪大学获工学硕士、博士学位。

1991 年－2000 年：理光深圳公司人事部长、生管部长、管理部长、TPM 改善推进委员会主任，理光国际（上海）公司副总经理。

2001 年至今：任合众资源·3A 顾问公司董事长。

二、在理光的成功职业经历

在理光深圳公司工作期间，他把日本的优秀管理方法与中国的国情相结合，通过持续有效地推进方针管理、精益管理和 TPM 改善活动，创造了一个环境整洁优美、员工积极向上、管理高效严谨、文化温馨明快的有特色的外资企业。理光在深圳的成功主要得益于他所做的四件事：一是促进中日文化融合，二是建设优秀管理团队，三是培养企业革新文化，四是持续推动精益改善活动。在长期的实践中，他积累了丰富的经营管理经验。

三、丰富经验成就“管理赢家”

刘承元在世界500强企业历练10载，又在顾问实践中追求多年，在企业利润缔造、战略管理、经营力构建、阿米巴经营及精益改善等方面经验丰富，并创造性地提出了“自主创新经营”理论；在运用这一理论帮助企业业绩提升方面，成果累累，口碑卓著，被媒体誉为“管理赢家”。

因为在构建和实践“自主创新经营”理论中所做的突出贡献，刘承元于2014年3月荣登国际管理杂志《世界经理人》封面，于2015年2月荣登国内权威管理杂志《企业管理》封面。

四、专著及研究成果

至今为止，著有《新TPM活动》《专家博士的5S经》《企业卓越经营品质》《TPM与工厂全面改善》等，译有《解决问题的哲学》。

发表专业论文和管理文章数百篇，内容涉及中国制造管理升级、精益生产、改善管理、人力资源以及管理批判等诸多领域，深受企业经营管理者喜爱。

管理改变中国

刘承元的3A公司位于深圳市福田中心区的卓越大厦。有人说住在卓越大厦的都是卓越的人。可不是吗，要论企业管理，日本的管理文化被公认为是最严谨、最具效率的。眼前的这个人曾经管理过世界500强理光公司在全球范围内规模最大的工厂，并使它比日本本土工厂更有效率。今天他又领导着一家讲究实效、敢于承诺具体效果的管理顾问公司。而观其仪表则温文俊雅，白衬衣领袖紧扣，发型一丝不乱。他自称出身农村，这一点今天或许只能从他整个采访过程始终渗透在脸上的纯朴笑容中才可见些许端倪。

(1)"对中国来说，制造业真的太重要了。"

这是刘承元在各种场合或媒体上不断重复的一句话，为了这句话他还不惜花钱在凤凰卫视上做了几个月的广告。他懂得广告不连续做一两年是不会有效果的，他坚持做就是希望从更广的范围内传播一句话："制造强，中国强，管理改变中国!”这句话其实强调的是两个观点：一是制造业对中国国力的支撑作用；二是强调中国经济和社会必须通过管理来全面提高。

在谈到国内制造业发展的时候，他认为有几个倾向值得警惕：

首先，行业选择讲得多，产业升级讲得少。有一种思潮已经在社会上蔓延，即把传统制造业等同于落后产业。专家说要产业转型，政府说要“腾笼换鸟”，如此服装、家具等传统制造业就有可能成为被换走的“鸟”，电脑、网络等才是受欢迎的宠儿。殊不知，不管你如何看不起“服装”、“家具”，不管你在产业政策上如何扶持“电脑”、“网络”，我们经常看到的结果是，卖一件衣服的利润高过卖100台电脑的利润，卖一套家具的利润甚至可超越一家网络公司全年的利润。可见，在产业升级过程中，只有通过管理活动（销售、研发、制造、供应链和品牌）来升级企业及行业的竞争力水平才是根本。当然有人会说，微软很优秀，腾讯很赚钱，但作为企业领导人和管理者一定要清楚，微软再优秀也养活不了所有美国人，同样，腾讯再赚钱也养活不了十几亿中国人。中国未来之腾飞，还是得靠扎扎实实的制造业，甚至是传统制造业。

其次，技术改造做得多，管理创新做得少。改革开放以来，中国企业在装备更新、技术改造方面花去了大量的金钱，并不断处于引进、消耗、淘汰，再引进、再消耗、再淘汰的循环中。国内企业用的是世界上最精良的设备，建的是世界上最气派的厂房，而生产出的产品却是三流的。之所以形成如此局面，与我们对管理创新的重要性缺乏认识有很大关系。

在一次官产学交流会中，就有专家提出："我们在管理上至少还有10%以上的提升空间……"当时在场的刘承元认为这是十分肤浅和可笑的认知，并马上在后续的发言中表示："应该在10%前面加上'每年'才合适。"每年提升10%，不仅仅在理论上可能，而且在实践中也是可行的。在3A公司长长的客户名单中，他简单列举了TCL家网事业部（做DVD等）只用两年时间效率就提高了70%以上，美的某生活电器只用一年时间效率就提高40%以上，世界500强富士施乐深圳公司花三年时间将生产效率提高了一倍等案例。大量实践印证了这样一个道理，管理创新和效率提升是无极限的。他希望这些主张能为政府在制定产业政策时提供参考。

（2）中国企业管理的六大积弊。

在接下来的访谈过程中，刘承元又以中国足球为例剖析了中国企业管理普遍存在的六大积弊。

第一，有理想而没信仰。我们或许不缺伟大的理想，为国争光、报效祖国、走向世界、无私奉献等都很好，但是我们却没有信仰，缺乏对"道"（因果报应等天道、地道、人道）的敬畏。人们不相信有天堂和地狱，所以在追求"理想"的过程中，不择手段，并最终与理想严重背离。

第二，有组织而没传承。企业是通过组织来运营的，为了使组织更具活力，必要的更替实属正常，问题在于在组织更替时没有传承的机制。中国企业的领导更迭之后往往都是从头再来，而少有对前任思想、理念、经验和智慧等的继承和发扬。中国人正在丢弃保障中华文化永世传承和发扬光大的“孝道”。如此这般，使得管理无积累，水平得不到提高。

第三，有目标而没战略。国内企业和国足一样，高层特别喜欢提目标，比如名次目标、销售额目标等。提出目标之后就期望通过绩效考核来达成目标，考核不合格就换人。高层既不能针对目标提出有效的经营战略（超越对手的策略），更没有将经营战略分解为课题、措施和落地为员工的行动，目标往往成了管理者的一厢情愿。

第四，有制度而没机制。“管理靠制度”这句话早已经深入人心，有问题就出制度，甚至达到了迷信的程度。可如果没有机制（能防错、纠错的结构化方法）的保障，制度往往会成为摆设，不能成为员工自觉的行为，好的组织文化也就无从谈起。没有好的机制和组织文化的约束，就会出现各类“刺头”挑战制度和管束的情况，组织就会陷入内耗不断的境地。

第五，有口号而没措施。在企业管理过程中，空洞的口号比比皆是，信手拈来。所谓空洞的口号就是那些大话、空话和套话，比如“强化内部管理”，“加大管理力度”，“提高执行力”，“大干一百天，力争超额完成年度任务”之类。如果管理者不去研究强化管理和提高执行力的具体措施，或者有了具体措施却不能有效地去落实，再好的愿望都将是一句空话。

第六，有管制而没参与。除了对制度的迷信之外，还有对管制和监督的热衷。绝大多数企业高层习惯要求中层管理者加强对员工的监督，旨在通过管束员工来做好管理。年初动员和年终总结会上大都是领导台上讲话，员工台下鼓掌，员工充当看客和啦啦队的角色。员工缺乏参与感，感觉自己仅仅是领导的工具而已。

刘承元认为，如果以上六个积弊不能得到有效医治，正在逐步失去资源（土地、原材料和人工等）价格优势的国内企业或将陷入更深重的困境之中。

（3）对管理的创新与认知。

在普遍浮躁的今天，中国企业欠缺脚踏实地的精神，喜欢投机取巧，更愿意传播或学习靠“模式”轻巧赚钱的理念。

如碧生源曾经是营销大师和媒体津津乐道的经典营销案例，“它仅用2款减肥产品，一句口号和一种低价快销模式，来准确地定位目标销售群体，在短短几年时间里就将销售额做到十几亿元。”据称，这家企业研发成本仅占营业额的1%左右，销售及市场营销支出却占40%以上。刘承元认为，近年来中国产品丑闻不断，中国制造的信誉岌岌可危，就源自人们对产品研发和生产过程改进的漠视。他强调正确的做法应该是投入更多的资源做好产品研发和生产，以一流的产品和服务征服消费者的心，只有这样才能保障企业可持续发展。

毫无疑问，刘承元凭着对管理的浓厚兴趣、刻苦勤奋和全力以赴，凭着其独特的悟性、学习能力、历经选择和挑战的累积，再加上二十余年在管理领域的躬耕不辍，尤其是他在接受日式先进的管理文化的同时，能注重和中国实情结合，不断创新，最终形成了一些属于中国自己的管理思想，并正在努力构建本土管理模式和体系。

他的管理思想源于实践用于实践，应该说对中国企业管理提升颇具指导意义，笔者也曾亲眼见到过他在所指导的企业中受尊敬欢迎的场面。在帮助企业提升管理方面，他成果卓著，被誉为“管理赢家”。我理解他为什么能成功，同时我还禁不住想，若是多一些这样的践行者兼思考者，那中国的管理距大成就不远了。“治家国，平天下”本是中国达人的共同志愿，“治”即管理并使之改善，在中国现有的历史环境中，管理改变中国，信然！

J. Z. 爱门森

目录

第一章

工厂效益提升
从改善开始

小故事：我与工厂改善相遇

1995 年，我被派往日本理光的沼津事业所学习 TPM（Total Productive Management）改善，由此认识了我的 TPM 启蒙老师——饭田先生，他是理光集团的常务董事。在正式学习之前，对方花了半天时间领我参观工厂，整个参观活动让我感动不已，当时的一些情景至今不能忘怀。

进入工厂的时候，门口的保安，一位温和的大伯（退休老工人）给我一本环保小册子。小册子的内容包括公司理念、经营目标、对地球和社会的责任、在厂区内如何做一个环保人等行动指南，还有一张逃生图。后来得知，这是企业履行社会责任的一个手段，因为每年要接待上千批来自各界的参观者，其中接近一半是来自日本各地的中小学生，厂区想利用这本小册子宣传崇高思想，倡导环保行动。

到达办公楼前面，我看到了悬挂着的中国国旗。接待小姐说，挂客人所在国家的国旗是对客人的尊重。进入接待室，我拿到一份接下来一周的学习计划。和总裁寒暄数分钟之后，是足足半天时间的工厂参观。这次的参观活动，成了我永难忘怀的记忆……

每到一个部门，都有一个小小的欢迎牌，写着“欢迎刘承元博士学习指导”。每到一个部门，都有人给我介绍部门值得骄傲的“景点”。从前只知道城市有景点，风景区有景点，而工厂里面有景点却是第一次听说。仔细看了就会发现：所谓的景点，就是现场看得到的员工改善的成果。目不暇接的成果改善，让我有一种强烈的冲动：“人家能，我们为什么不能?”

一面足有 30 多米长的改善墙让我印象深刻，那面墙被规划成四个区域，第一个区域代表春天，春天是孕育思想和播撒种子的季节，这里张贴着公司的理念、思想和目标，员工们认真学习并积极思考和规划着自己及公司的未来；第二个区域代表夏天，夏天是辛勤耕耘和劳作的季节，这里记录着许许多多员工自己动手、积极参与的感人的改善场面；第三个区域代表秋天，秋天是收获的季节，这里展示着大量的员工改善案例和改善成果，而且还收获了企业和员工能力的成长；第四个区域代表冬天，冬天是反省和思考的季节，在这里，他们指出，如果地球有一天无法承受，单个的企业做得再好也没有了意义。他们提出的目标是，用3年的时间创建一个无垃圾工厂。3年后的1998年，他们兑现了承诺，这家3000人的工厂向公众宣布实现了“零垃圾”目标。

他们给我看了一份“百米长卷”，这份长卷记录着过去10年持续开展的一项工作，即库存低减的卷纸分析改善。打开长卷，可以看到10年前发黄的纸上写着当时的状况、问题点等。这个改善课题立项之后，成立了跨部门的改善团队，他们以不屈不挠的精神，每半年经历一个改善轮回（即PDCA改善循环），使得原材料和产品库存连年快速减少。令我感动的不是改善后的库存是多么得少，而是朝着零库存的目标，10年持续不断的信念和追求。

最令我难忘的是一张张亢奋的脸庞。每个员工不管年老年少，都会兴奋地给我介绍他的景点改善情况。参观后我不免问：“你们员工的待遇如何?”饭田总裁告诉我，工作一定要追求一流，待遇的目标始终要在同行中上水平之上。

震撼了、感动了、行动了！我回来以后学着做改善，这一做就一发不可收拾，在理光深圳公司、上海公司做了还不够，我还成立了顾问公司教客户企业接着做。每当看到在一家又一家客户企业的员工中兴起改善激情，建起改善文化的时候，我们就觉得自己是世界上最高兴的人了。

❶ 什么是全面精益改善

一、什么是全面精益改善

所谓全面精益改善，就是围绕企业经营战略，动员全体员工以个体或小集团形式进行的改善活动。对企业来说，全面精益改善既是手段，又是目的。

说它是手段，指的是通过全面精益改善，企业可以持续提升 P（Profit）、Q（Quality）、C（Cost）、D（Delivery）、S（Safety）、M（Moral）等经营绩效的方方面面。说它是目的，指的是全面精益改善本身是企业软实力的重要组成部分，企业持续开展全面精益改善活动，为的就是培育全面改善文化。

我们通过对一些成功推进持续精益改善活动的企业，如丰田、理光、三星等进行详细的了解分析，充分吸取 TPS、TPM、IE 及 6 - Sigma 等方法论上的不足，对企业全面精益改善做了更符合实际的定义，如表 1 - 1 所示。

表 1 - 1　全面精益改善的定义

定　义
（1）以建立健全追求管理系统极限效率的企业体制为目标
（2）从企业管理的全过程（设计、生产、存储、销售等环节）出发
（3）通过运行全面精益改善三大活动机制
（4）促进公司员工全员参与，持续提升企业经营绩效，构建企业竞争优势

在长期顾问实践中，我们找到了解决员工参与不足问题的命门，并开

发出了高效简便而且卓有成效的全面精益改善活动机制。这个定义最重要的贡献在于，强调了三大活动机制在促进和约束管理者及员工参与改善活动中的关键作用。这三大机制就是：以员工为中心的提案活动；以现场为中心的自主管理；以效益为中心的焦点改善。

培育全面改善的文化是一个持续的过程，需要思想理念的指引，更需要企业领导不懈地坚持。

二、全面精益改善的思想理念

为了唤起员工自尊，促进员工参与，营造良好的改善氛围，我们必须始终遵循以下的精益管理原则。

（1）要以穷人思维，实现富人循环。即以穷人心态对待浪费，像富人那样让现场保有适当（人力和时间等）富余，并通过投入这些富余进行改善，用富余创造出更多的富余。

（2）精益改善，不是降低员工薪酬待遇，而是着眼于提高人的附加价值。也就是动员全体员工积极参与，持续追求以更少的投入获得更大产出的过程。“成本下降3%，相当于销售增长30%甚至更多。”

（3）改善是行动的哲学，崇尚自我反省，主张快捷行动；观望、怀疑和议论都是与精细化管理思想相违背的，必须予以杜绝。

（4）改善工作执行的好与坏，不是员工的问题，而是管理者的问题。

（5）如果用一杯水就可以浇灭的（品质、安全、成本等）隐患，不能任其扩散到只有用消防车才能扑灭的程度。大问题通常由小问题累积而成，千万不要以为只有解决大问题才有价值。不要小看或忽视员工实施的任何一个细小的改善。

（6）我们必须把企业经营绩效提升的落脚点放在员工成长上。与短期绩效提升的重要性相比，员工意识和能力的提高更重要。

（7）不要惧怕失败，不要患得患失，要给员工改善创造宽松环境（自由度），改善的过程就是员工自我启发、自我培养和快速成长的过程。

（8）改善的诀窍是设法唤起员工的自尊，而不要伤害他们的尊严；保持童心，激发童趣，让员工享受改善的过程。

（9）仅仅想管住员工的双手，你将失去员工的智慧，可能双手也会失去；你激发了员工的智慧，你将同时得到员工的双手。

三、实现全面精益改善愿景的三个步骤

全面精益改善的愿景是，在取得良好管理绩效的同时，将持续改善思想根植于企业文化中。

卓越企业发展经验表明："企业管理提升和全面改善文化建设是一个循序渐进和日积月累的过程。"只要我们共同付出，持续坚持，就一定能够使公司真正优化企业经营管理体制，获得持续的竞争优势。

这种愿景分以下三个阶段逐步实现，如表1－2所示：

表1 2 实现愿景的三个阶段

获取成果的三个阶段	主体内容
第一个阶段 (Change) （革新意识，改变习惯）	通过引进创新现场管控模式，从效率和品质角度出发，彻底革新全体员工的工作习惯、问题意识、改善意识和参与态度
第二个阶段 (Challenge) （挑战自我，改善绩效）	分步骤系统地导入创新经营与精益改善活动机制，促进员工广泛参与，提升员工改善能力，极大地改善企业经营管理绩效
第三个阶段 (Champion) （持续提升，成就标杆）	积极营造改善氛围，在持续提升经营管理绩效的同时，培育企业能够持续获得竞争优势的全面改善文化（植入改善DNA）

❷ 精益改善的8个实例

自2000年以来，我们向近千家企业提供过精益改善咨询辅导，取得了重大的经济和社会效益，硕果累累，口碑卓著。在这些投入全面精益改善活动的企业中，既有规模庞大的国有大中型企业，也有各行各业的上市公司，还有大量名不见经传的中小型企业。不论规模大小，他们都能够在精益路上收获成果，阔步前进，靠的就是这套全面精益改善机制的支持。

这里我们选取8家企业的精益改善活动作为案例进行简介，目的是让读者能够体会到全面精益改善机制在各类企业中的卓越表现。

案例1：信＊玻璃精益改善

导入时间：2005年－2008年，共四年时间。

提升辅导：2008年－2014年。

管理水平：在玻璃加工行业盈利能力水平最高。

（一）精益改善效果

具体如表1－3所示。

表 1－3 精益改善效果

管理项目	主要指标	单位	改善幅度
精益改善效果	1. 人均小时产出数量	片/小时	提高 70% 以上
	2. 汽车玻璃加工周期	天	降低 60% 以上
	3. 中间在制品周转天数	天	降低 80% 以上
	4. 内部失败成本率	%	降低 50% 以上
	5. 客户投诉索赔金额	元	降低 70% 以上
	6. 单位产值能耗	元/片	降低 30% 以上
	7. 其他改善效果金额	元	超××××万

（二）精益现场改善

一线员工意识能力全面提升

秩序井然，管理高效

数万套工装模具管理超一流

在制品减少后的车间一角

图 1－1 精益现场改善

（三）精益改善方法

具体如表 1－4 所示。

表1－4 精益改善方法

1. 6S管理、安全隐患识别 2. 设备自主保全TPM 3. 焦点课题推进方法 4. 全员品质解析方法 5. 员工3级训练体系 6. 虚拟流水线、滚动计划	1. 提升原料利用率专题辅导 2. 降低各类库存金额专题辅导 3. 提升准时交付率专题辅导 4. 提升工序人均产出专题辅导 5. 降低客户投诉专题辅导 6. 降低单位产值能耗专题辅导

（四）客户评价

3年前，1个分厂需要1名部长、2名助理来管理；现在，3个工厂只需1名部长、3名助理。3A公司辅导带来的不仅是经营绩效的提升，更帮助工厂培养出一批管理专才，使得深圳信＊集团成为扩展的人才输出基地。

案例2：美＊＊＊精益改善

导入时间：2006年－2009年，共四年时间。

（一）数字化改善效果

具体如表1－5所示。

表1－5 数字化改善效果

改善项目	主要内容	改善幅度
品质类改善项目	1. 降低“碰划伤”不良改善	降低73%
	2. 林源制材A线回锯率减低	降低42%
	3. 降低“脱胶”不良改善	降低62%
	4. 减少“污染”不良改善	降低80%
	5. 降低漆膜不良改善	降低93%
	6. 降低“欠料”次数改善	降低71%
	7. 降低加工配合缝隙过大不良改善	降低88%
	8. 控制产品色差的改善	降低82%
	9. 降低手感不良改善	降低77%

续表

改善项目	主要内容	改善幅度
效率类改善项目	1. 总装流水线效率改善	提升 52%
	2. ART11 -226 品号总装效率改善	提升 60%
	3. 软包流水线效率改善	提升 42%
	4. FE3340 - T01 品号总装效率改善	提升 54%
	5. 590 品号总装效率改善	提升 39%

(二) 现场改善案例

自制粉尘收集装置：既实用又巧妙地利用负压吸气作用，制作成自动收集砂光时产生的粉尘。如图 1 -2 所示：

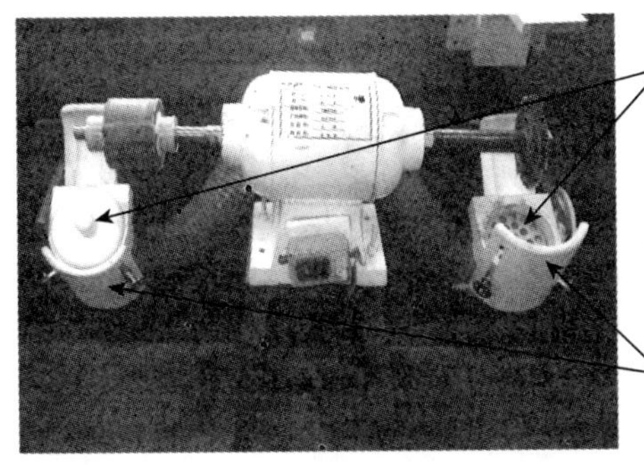

此盖板可自由开闭，不用时盖上，保持气压稳定

此盖板上下可调，最大限度提高集尘效果

图 1 -2　自制粉尘收集装置

改善发表会实景如图 1 -3 所示：

当我们的员工站上了主席台，我们的心中就有了这样的信心：一切都将成为可能

图 1 -3　改善发表会实景

（三）客户评价

公司冯董事长在改善发表大会上说："公司十几年来解决不了的顽症（指粉尘搜集），终于得到了根治，让我看到了美＊人改善的智慧和力量，实在让我感动！感激！感谢！"

毕总经理在总结会上说："在3A顾问辅导下，我们干部逐步掌握了用PDCA的工业化思维系统解决问题，而且我们也逐步明白并开始掌握如何让一线员工参与管理，参与改善的技巧。"

案例3：靖远＊＊TPM改善

导入时间：2007年－2009年，三年时间。

提升辅导：2009年－2011年，两年时间。

管理水平：被国家电力部门命名为电力行业管理标杆。

（一）数字化改善效果

具体如表1－6所示。

表1－6　数字化改善效果

改善项目	主要内容	改善幅度
主要改善成果	1. 设备故障时间降低	降低53%
	2. 发电机组大修时间缩短	降低60%
	3. 配件库存金额低减改善	降低36%
	4. 外委维修费用降低	降低58%
	5. 配件消耗数量低减改善	降低32%

（二）现场改善案例

经过几年的努力，终于打造了一家领先行业的"3W"工厂：温馨明快的工厂、文明进取的员工、完好的设备，如图1-4、图1-5所示。

图1-4 改善景点遍地开花

图1-5 智慧展示无处不在

（三）外部专家高度评价

2008年，中国电力企业联合会在北京举办“全国电力行业企业管理经验交流会”。中国电力企业联合会领导胡新欣在介绍企业管理经验时说：“近年来，中国电力行业涌现出了一批优秀的企业管理现代化创新成果，靖远****有限公司（以下简称为靖远**）的发电企业精细化管理（即靖远管理模式）就是典型的案例。”

而在兰州举行的第21次中日企业管理讨论会结束时，来自日本的专家代表团团长菊池敏夫（相当于中国科学院院士身份）临行前对靖远**的管理成果给予高度评价，菊池敏夫说：“兰州之行，本来是想要看看中国西部企业的落后状况，没想到却发现了靖远**这样一个非常优秀的企业！”

案例4：＊＊＊＊＊事业部精益改善

导入时间：2008年－2011年，共三年时间。

管理水平：获评SONY（索尼）最佳供应商之一，同行效率最高。

（一）数字化改善效果

具体如表1－7所示。

表1－7　数字化改善效果

改善项目	主要内容	改善幅度
主要改善成果	1. 工厂综合效率持续改善	提升83.9%
	2. SMT（表面贴装技术）人员配置优化改善	降低17.2%
	3. SMT在制品数量低减改善	降低62.5%
	4. 降低面壳外观划伤减改善	降低98.9%
	5. 主IC（集成电路）备料方法改善	降低70.9%
	6. 在库金额低减改善	库存金额降5.8%
1. 人均月实施改善提案0.87件，员工参与率达到79.3% 2. 事业部整体效率（含间接部门）由4.71台提升到8.12台，效率提升83.9%，年节省直接人工费××××万元		

（二）客户评价

全员参与效率改善，工厂全员每人每小时产出由改善前的4.71台，到改善后的8.12台，提高83.9%。这个数据的意义在于：每人每小时比原来多生产了3.41台机器，一个月26天就比原来多生产了180万台机器！而生产出180万台机器则是需要整整26条生产线、约935个人才能完成的任务！

如果一个人每年按3000元的标准成本核算，省下的直接人工成本就很惊人。

通过推进精益管理，我们使所有的线长和多能工都会熟练应用 LOB（生产线平衡）；培养了一大批 IE 能手；让全部员工掌握了动作浪费的发现和改善方法……

案例 5：唐＊集团精益 TPM 改善

导入时间：2008 年 –2012 年，四年时间。

提升辅导：2012 年 –2014 年，三年时间。

管理水平：公认的行业管理标杆，参观者络绎不绝，每年接待上万人次的参观者。

（一）数字化改善效果

唐＊集团在大环境不好的条件下，坚持走精益管理道路，在 3A 顾问的辅导下，成为环境最好和盈利能力最佳的钢铁企业。部分改善课题如表 1 –8 所示。

表 1 –8　部分改善课题列表

1. 制作皮带机托辊更换架，减少停机时间，提高生产效率
2. 优化 LF（最迟结束时间）喂丝孔形状，减少生产事故
3. 优化精轧机出口导位，提高成材率
4. 加装涂油机双向过滤器及优化操作方法，降低防锈油消耗、提高产品质量
5. 加装无动力除尘和下水冲洗装置，降低 14#皮带通廊粉尘浓度，避免二次扬尘
6. 优化 1700 线浊环处理工艺，降低悬浮物数量、提高斜管使用寿命
7. 优化棒材运输标准捆根数，提高火车装载量、降低运输成本
8. 每年大小改善项目近 10 万件，经济效益十分惊人

（二）现场改善案例

具体如图1－6、图1－7所示。

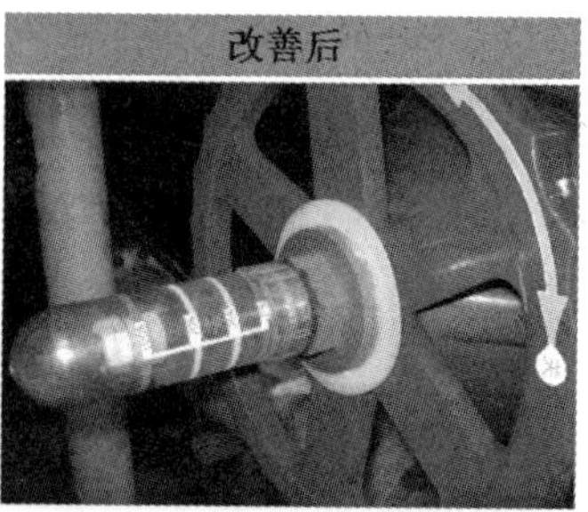

图1－6　增强聚丙烯阀门改善

改善前

改善后

改善后，在三辊纠偏支撑架边部加装一个活动辊，起到保护作用，有效杜绝了划痕的产生。效果：杜绝钢板的划痕、减少产品浪费。每卷至少少切5米，全年节约成本××万元

图1－7　提高成材率改善

（三）整洁高效的管理现场

具体如图1－8所示。

图 1－8　整洁高效的管理现场

（四）重点导入内容

具体如表 1－9 所示。

表 1－9　重点导入内容

1. 污染源治理 2. 困难部位解决 3. 设备初期清扫 4. 标示标准化 5. 微缺陷管理流程 6. 点巡检可视化 7. 开展内部质量损失成本改善	1. 学用价值流程分析（VSM），实现均衡化生产 2. 全面建立与运行设备效率管理体系（OEE） 3. 针对关键工序参数实施统计过程控制（SPC）与工序能力指数（CPK）管理

（五）专家评价

“如果不到高炉出铁现场，真不敢相信这是钢铁企业。唐＊颠覆了传统钢铁企业浓烟滚滚、傻大黑粗的形象！”

“一个令人信服的绿色冶金企业的标杆！”

“唐＊的清洁生产水平在世界上绝对一流！”

冶金行业专家杨宗毅先生道出了他眼中的唐＊。

案例6：＊＊集团江阴公司精益TPM改善

导入时间：2010年－2013年，共四年时间。

管理水平：成为行业管理标杆企业。

（一）数字化改善效果

1. 自主管理成就卓越现场

我的地盘我做主，＊＊集团江阴公司通过自主活动消除了设备微缺陷，防患于未然，极大地提高了设备完好率。自主管理活动期间发现问题点1506个，完成率91%；其他改善502项，制作两源分析表56张。

2. 提案活动发掘员工智慧

＊＊集团江阴公司通过该活动造就了自主、积极进取的员工，塑造了积极向上的企业文化，提升了企业凝聚力。近三年已累计完成改善提案2059件，人均3.4件每年，创造效益××××万元，获4项国家专利。

3. 焦点课题提升管理绩效

＊＊集团江阴公司充分发挥团队作用，采用焦点课题形式解决公司难点问题。目前已完成共31个课题，取得经济效益××××万元，具体如表1－10所示。

表1－10 精益改善效果

	主要内容	改善幅度
精益改善效果	1. 人均打包效率提升	提高180%
	2. 设备故障率降低	降低11.5%
	3. 单位产值电耗降低	降低22%
	4. 其他改善效果金额	××××万元

（二）现场改善案例

具体如图1－9所示。

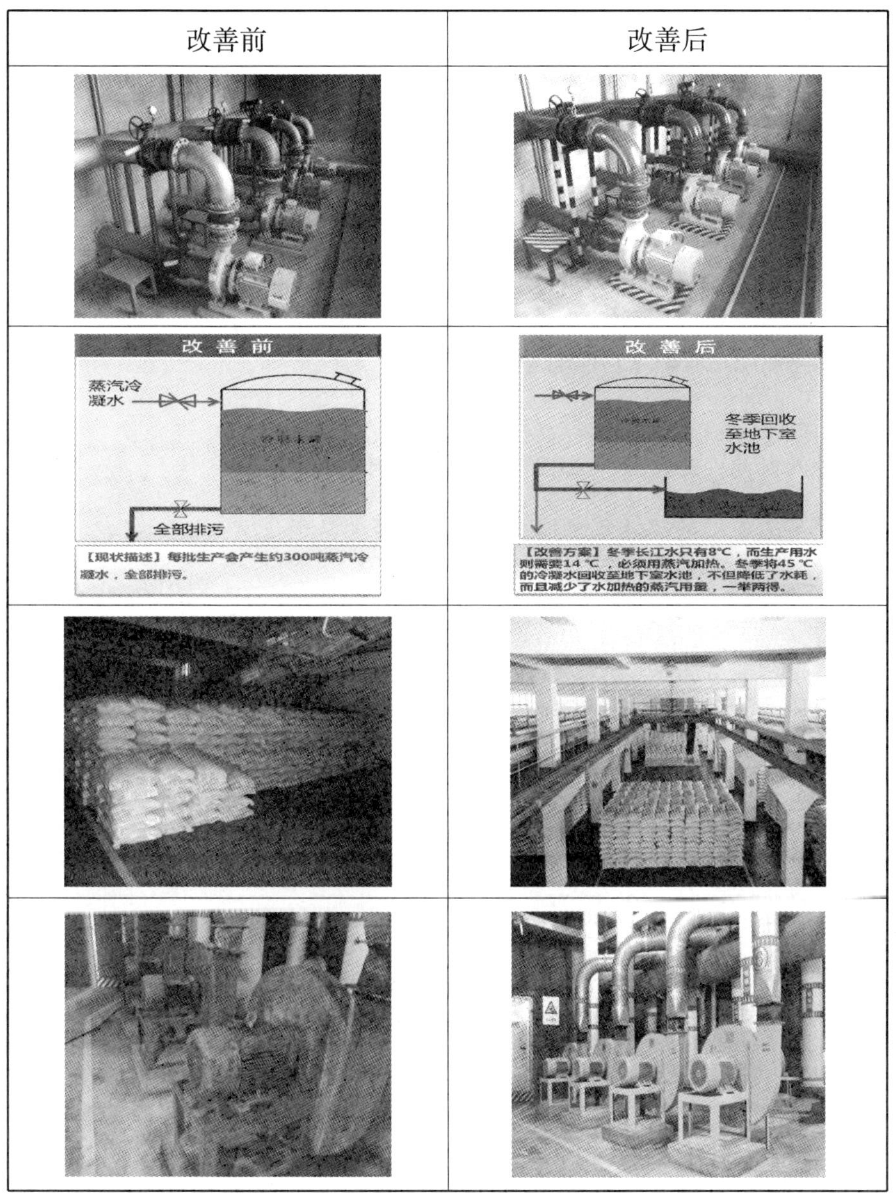

图1-9 改善前后对比图

（三）重点导入内容

具体如表1-11所示。

表1－11　重点导入内容

1. 物品定置与可视化管理改善 2. TPM阶段式系统化推进管理 3. 设备备品备件库房管理 4. 设备故障及故障解析专题指导 5. 焦点课题改善专题指导	1. 能耗降低专题辅导 2. 效率提升专题辅导 3. 污染源改善专题辅导 4. 5S、QC（品质控制）、IE、JIT（准时生产）、班组建设等培训与运用指导

案例7：双＊竹木精益改善

导入时间：2010年－2012年，共两年时间。

管理水平：成为（行业：竹木筷子）隐形冠军。

（一）精益改善效果

具体如表1－12所示。

表1－12　精益改善效果

管理项目	主要内容	改善幅度
精益改善效果	1. 人均产出值提升	提高69.5%
	2. 中间在制品库存降低	降低67.4%
	3. 中间在制品金额减少	约805万元
	4. 单位面积产出提升	提高60%以上
	5. 生产周期缩短	缩短79.3%
	6. 年度专利、发明	专利123项，发明9项
	7. 账物相符率提升	提升31%
	8. 其他经济效果	××××万元

（二）现场改善效果

由一家作坊式企业脱胎换骨为一家有现代管理规范的新型企业，如图1－10所示。

传统作坊　　规范化工厂

人机料混流　　秩序井然，运营高效

仓库乱堆放，产品无保护　　管理有序的仓储

图 1－10　现场改善效果对比

（三）重点导入内容

具体如表 1－13 所示。

表 1－13　重点导入内容

重点导入内容
1. 布局规划与流水线化改良 2. 流程再造专题辅导 3. 效率提升专题辅导 4. 交货改善专题辅导 5. 账物相符率专题辅导 6. 5S、QC、IE、JIT 等培训与运用指导

案例8：聚＊＊＊精益改善

导入时间：2011年－2014年，共三年时间。

管理水平：LED行业最具竞争力企业。

（一）数字化改善效果

具体如表1－14所示。

表1－14　数字化改善效果

关键改善项目	改善效果
固晶机胶盘清洗时间、频次低减	时间降低47%，频次62.5
缩短注胶工序首件检验周期	降低31.1%
包装入库周期缩短	降低55%
注胶针头压塌线品质问题改善	不良降低100%
降低固晶机台轨道卡料频次焊线工艺优化	提高42.8%
降低分光差错率	降低55.6%

（二）现场改善案例

具体如图1－11所示。

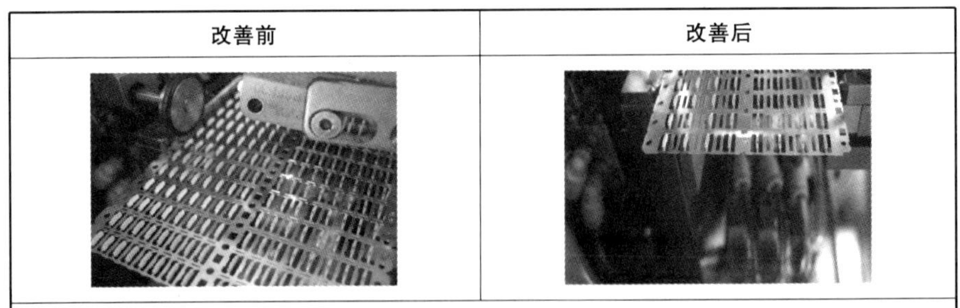

改善前：入出料sensor支架反光不好，容易使得入料检知不灵敏；支架孔太多使得入料检知不准

改善后：由一个点的检测方式改为一个面的检测方式从而杜绝了因检知不良造成轨道两端的卡料

改善前	改善后
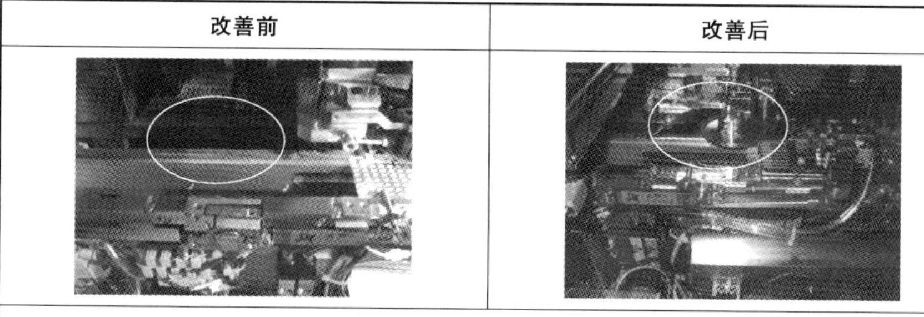	
改善前：轨道内未安装保护压片，如遇支架有变形很容易跑出轨道，从而卡料 改善后：对轨道内装入压条，克制部分变形支架卡料现象	

改善前：没有把不良品和原规格品标示出来，在作业时可能会把不良品或原规格品拿错，造成BIN 不符或机台清不干净产生混料 改善后：把原规格品用黄色标示，不良品用红色的标示，不会拿错。防止错误率发生	

图 1-11　改善效果前后对比

（三）客户评价

聚＊公司邢总说："以前聚＊的客户来我们的生产现场，说聚＊的硬件好（设备先进，产品技术含量高），但软件差（管理跟不上）。几年来，经过3A 顾问和公司员工的共同努力，取得了良好的效果，达到了我们预期的目标。精益之路，任重而道远，我们要在精益路上一步步迈向卓越……"

❸
全面精益改善的三大机制

全面精益改善的路径设计如图1－12所示。

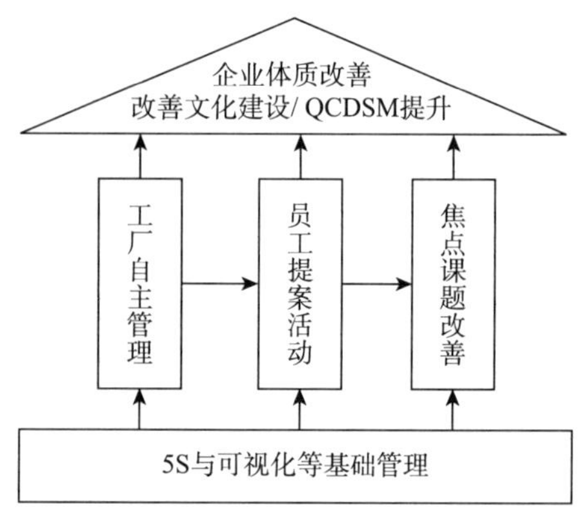

图1－12　全面精益改善的路径设计

一、全面精益改善三大活动机制

（一）三大活动机制的内容

为了让精益改善有效地覆盖企业管理的所有方面，笔者在推动改善活动的过程中进行了很多的探索和尝试，并最终确立了如图1－13所示的三大活动形式。有了三大活动机制的强约束，就等于管理者有了推动改善活动的重要抓手，员工参与就有了很好的平台和条件。

三大活动机制，笔者给予它们如下的定义：

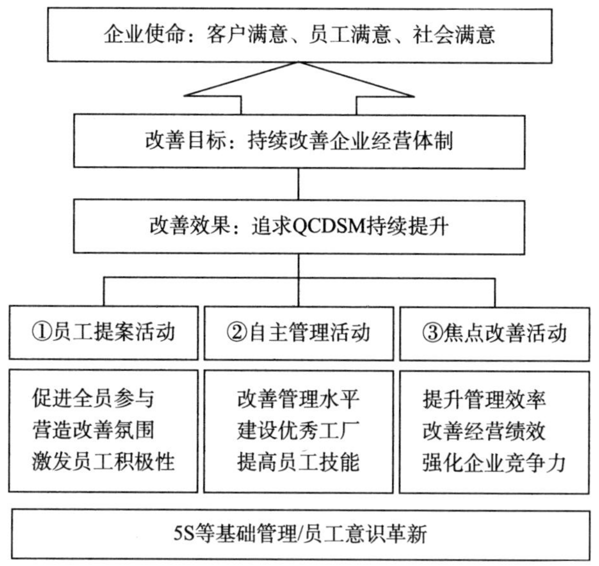

图1-13　全面精益改善三大活动机制

（1）以员工为中心的提案活动：员工提案活动（Total Progressive Movement）。

（2）以现场为中心的自主管理：自主管理活动（Total Productive Maintenance）。

（3）以效益为中心的焦点改善：焦点改善活动（Total Profit Maximization）。

以上三大活动形式是笔者长期推进改善活动的总结，是经过实践证明的有效活动机制。

（二）三大活动机制的积极意义

从以上三大活动机制及本人推进此项活动至今的经验来看，可以将三大活动机制的特点概括说明：

（1）三大活动机制简洁高效，可以在较短的时间内取得经营者期待的效果，中小型企业2~3年，大型企业3~5年就可以取十分显著的改善成果。

（2）三大活动机制有相对独立的活动内容，各个部分可以分期分步实施，这样可以采取集中精力各个击破的办法有序导入，并获得预期效果。

（3）三个部分之间又有互补、促进的关系，某一方面的有效实施可以很好地影响和促进其他方面的实施。具体地说，如果自主管理活动做得好的话，员工的问题意识会得到加强；员工有了强烈的问题意识，他就会提出更多更好的改善提案；改善提案提得多了，员工解决问题的能力随之提升，开展焦点改善便有了条件。很多时候，自主管理和员工提案的改善内容本身就是焦点改善的一部分。

（4）员工提案活动作为一个很好的活动形式，可以充分调动员工积极性和主动性，促进员工的广泛参与。

（5）三大活动机制中的焦点改善活动还可以成为企业创新经营和战略（目标）管理的主体内容之一，帮助企业全面提高经营绩效。

总之，这些特点决定了全面精益改善三大机制可以有效促进员工参与，更好、更快地为企业经营服务。我坚信，只要积极推进全面精益改善活动，必将给企业增添无限的活力，并从根本上强化企业竞争力。

二、全面精益改善三大管理思想

为了有效开展全面精益改善活动，需要认真学习和领会预防哲学、“零”化目标、全员参与（含小集团活动）三大管理思想。

（一）预防哲学

如图1－14所示，预防哲学是全面精益改善的核心思想。在工厂管理中，要做到“预防为主，治疗为辅”，通过确立预防的条件，防患于未然。通过日常预防、定期检查和提前治理，从而排除物理性、化学性缺陷，排除强制劣化，消灭工厂中长期存在的慢性不良问题，延长工厂、设备和工具的使用寿命，减少浪费现象的发生。

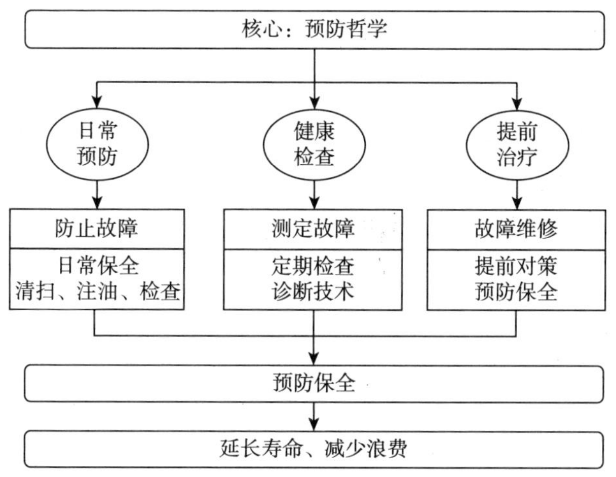

图1－14　预防哲学的内容

（二）“零”化目标

所谓“零”化目标，具体是指零缺陷、零事故、零灾害、零损耗等，是引导企业向前发展的路标。在制定企业目标的时候，全面精益改善要求企业要追求“零”化目标，即追求一种极限目标。例如，追求零缺陷，就是要求企业充分发挥人的主观能动性，发掘员工的智慧来进行管理，生产者要努力使自己的产品、业务不产生缺点，并向着高质量标准目标努力。因此，“零”目标是管理所追求的最高境界，需要我们持之以恒地追求。

零缺陷、零事故、零灾害、零损耗等“零”化目标可以从两个方面来加以理解：如果竞争对手或者同行的管理水平还没有达到“零”化目标时，企业就应当追求“零”化目标；如果竞争对手也在追求“零”化目标，或者已经接近“零”化目标，那么企业就应该用速度制胜，以更快的速度靠近“零”化目标。一句话，追求“零”化目标就是为了建立企业的竞争优势。

（三）小集团活动与全员参与

小集团活动是全面精益改善的一种很好的活动形式，是实施焦点改善或现场自主管理的基本单位。企业应当通过在其组织内部构建起各种各样的改善小集团，让更多的员工参与到一个或多个改善团队中去，创造全员改善的机制和氛围。如果缺少这种小集团活动，企业的改善活动也就失去了群众基础，这是很难获得成功的。

三、全面精益改善期待的效果

（一）全面精益改善追求的目标

改善活动所要达成的四大目标即为：灾害“零”化、故障“零”化、不良率“零”化及浪费“零”化。在全面改善活动过程中，要把需改善的事物变成一个个具体的管理项目，再根据这些管理项目是否朝着好的方向变化和发展，对管理目标做出不断地调整与优化。因此，全面改善四大目标是一个持续的动态过程。只有以四大目标为改善的终极目标并持之以恒，才能持续提高企业管理水平。

（二）全面精益改善期待的效果

全面改善活动期待的效果是多方面的，也是极其丰富的，一般地说，这些效果主要包括以下几方面的内容：

（1）经营利润 P（Profit）。

（2）产品质量 Q（Quality）。

（3）生产成本 C（Cost）。

（4）交货期 D（Delivery）。

（5）安全 S（Safety）。

（6）员工士气 M（Moral）。

除此之外，还有企业形象、员工能力等方面的内容。所有这些改善成果可以分成有形效果和无形效果两大类。所谓有形效果是指那些直接可以用金额等数字形式进行描述的部分，无形效果则是那些无法或者很难用金额或数字来描述的内容。

1. 有形效果

一般地说，全面改善活动的有形效果主要包括以下一些可以量化为金额的内容：

（1）经营绩效或利润提升；

（2）生产（人和设备）效率的提高；

（3）不良品率降低；

（4）生产及管理周期缩短；

（5）库存量减少，资金积压减少；

（6）各类损耗降低，浪费减少，生产成本降低；

（7）顾客投诉减少，顾客满意度上升；

（8）员工提案和发明创造能力提升；

（9）其他有形效果。

2. 无形效果

无形效果一般体现在员工、设备及企业管理状态的改变上。我们说，全面改善活动的目的是通过提升人的意识、能力、素养和设备的存在质量来彻底改变企业生存的质量和面貌。企业整体形象、员工素养和经营体制的改善正是这些无形效果的具体表现。

（1）企业管理制度持续优化；

（2）企业全面改善文化形成；

（3）员工的改善意识、参与意识增强；

（4）员工精神面貌改观，企业凝聚力增强；

（5）员工自信心增强，能力水平提高；

（6）企业形象改善；

（7）其他无形效果。

显而易见，无形效果尽管不能显现出经济效益，但是它却能够对企业的长远发展带来更加深远的影响。特别是企业持续改善文化的形成，是构建企业持续竞争力（软实力）的核心内容，在导入全面精益改善的过程中，企业领导应该充分认识到这一点。

表1－15是某公司推进全面改善活动两年后的效果事例，它有力地说明了全面改善活动的重要作用。

表1－15　某企业改善活动效果事例

<table>
<tr><td rowspan="17">有形效果</td><th colspan="2">管理指标</th><th>改善幅度</th></tr>
<tr><td rowspan="2">P＝利润</td><td>经营利润率</td><td>增20%</td></tr>
<tr><td>人均产出率</td><td>增53%</td></tr>
<tr><td rowspan="3">Q＝质量</td><td>工序内不良品率</td><td>减少至1/5</td></tr>
<tr><td>不良率下降</td><td>91%</td></tr>
<tr><td>客户投诉件数</td><td>减少至1/10</td></tr>
<tr><td rowspan="3">C＝成本</td><td>制造成本</td><td>减少35%</td></tr>
<tr><td>材料成本</td><td>减少20%</td></tr>
<tr><td>管理费用</td><td>减少28%</td></tr>
<tr><td>D＝交期</td><td>交期达成率</td><td>99%</td></tr>
<tr><td rowspan="3">S＝安全</td><td>重大设备故障</td><td>0</td></tr>
<tr><td>人员工伤事故</td><td>0</td></tr>
<tr><td>环境公害</td><td>0</td></tr>
<tr><td rowspan="2">M＝士气</td><td>改善提案件数</td><td>5倍</td></tr>
<tr><td>发明或专利件数</td><td>3倍</td></tr>
<tr><td rowspan="5">无形效果</td><td colspan="3">（1）在改善中沉淀出大量可以用以指导未来管理实践的管理智慧、管理标准</td></tr>
<tr><td colspan="3">（2）由于自主管理的持续推进，人人都认识到自己的设备自己维护的重要性，相互依靠、相互埋怨的情绪消失，人与人之间的关系得以改善</td></tr>
<tr><td colspan="3">（3）实现了管理水平的提高，员工的自信心增强了</td></tr>
<tr><td colspan="3">（4）现场的油污没有了，灰尘没有了，设备漂亮了，场所整洁了，员工的心态也变得积极上进了</td></tr>
<tr><td colspan="3">（5）展现给来访客户的是一个良好的企业形象，给客户以信心。改善革新的企业全面改善文化业已形成</td></tr>
</table>

要使改善活动真正取得以上各项期待的效果，有效评价这些改善效果也是很重要的一环。因此，在推进改善活动的过程中，要认真把握企业管理各个方面的现状，并且要坚持对各个管理项目和管理指标进行长期跟进。图 1－15 就是一张制造成本推移图，对它进行长期跟进就可以清晰地看到，随着改善活动的开展，成本会优化。

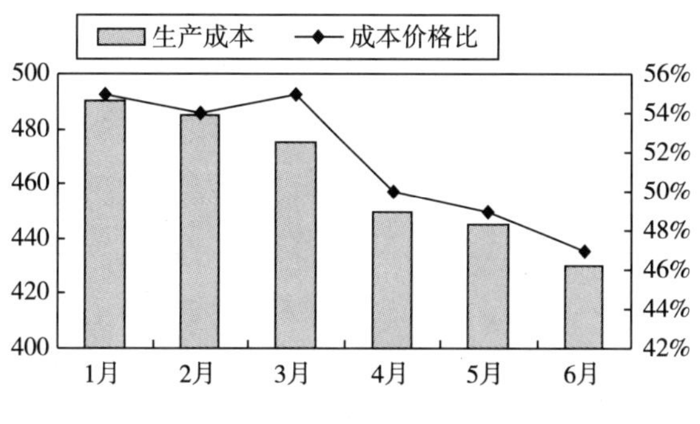

图 1－15　制造成本推移图

如果不是这样，领导就无法测评改善活动的效果，就无法正确评估员工的智慧付出。如果员工看不到改善活动的成果，得不到来自企业高层及时的评估、肯定和激励，就会失去积极参与改善活动的热情。如果企业的高层看不到改善活动的成果，不能旗帜鲜明地支持改善活动，活动就得不到来自各方面的支持。

附录：常用改善系统、工具和方法

由于竞争比较充分，制造业管理一直都是最精细的管理。为了提升制造企业管理水平，人们不断提出并运用各种改善系统、工具和方法，如 IE、TQC、TPM、TPS、VSM、6－Sigma 等。

在笔者看来，以上种种都是用来分析和解决管理中各类问题的思维和方法论。因为本书的重点是介绍企业内改善活动可持续推进的机制，所以对这些改善系统、工具和方法只做简单介绍。

一、IE

（一）IE定义

IE是工业工程（Industrial Engineering）的英文缩写。美国IE协会对IE的定义是：IE是对人员、物料、设备、能源及信息所组成的集成系统，进行设计、改善和设置的一门学科。它综合运用数学、物理学和社会科学等方面的专业知识，及工程分析和设计的原理和方法，对该系统所取得的成果进行确定、预测和评价。也就是说，运用人、机、料、能、信做最有效的组合，以达到低成本输入（Input）和高效益产出（Output）的效果。

日本IE协会根据IE在日本应用所取得的成果，对IE进行了重新定义。

“IE是这样一种活动，它以科学的方法，有效地利用人、财、物、信息、时间等经营资源，优质、廉价并及时地提供市场所需要的商品和服务，同时探求各种方法给从事这些工作的人们带来满足和幸福。”

这个定义通俗易懂，不仅清楚地说明了IE的性质、目的和方法，而且还给予人特别的关怀，充分体现了“以人为本”的思想。这也正是IE与其他工程学科的不同之处。

（二）IE的内容和特点

基础IE主要内容分为三部分：动作研究、时间测定及管理优化（改善）。即，基础IE利用流程分析、作业分析、动作分析研究获得最佳流程和方法，然后再利用时间测定方法测出所有作业的标准时间。

IE在日本也被称为“生产技术”或“管理工学”。IE的主要工作范围大致是：工序分析、工作标准、动作研究、时间研究、标准时间、时间价值、价值分析（VA）、流程优化、工厂布局、搬运设计等。

二、TQC 全面质量控制

（一）TQC 全面质量控制的特点

TQC（Total Quality Control）起源于美国，后来在其他一些工业发达国家开始推行。特别是从 20 世纪 60 年代开始，日本企业在推行 TQC 中取得了丰硕的成果，引起世界瞩目。

TQC 全面质量控制活动具有全面质量管理、全部过程控制和全体员工参与等三个特点。

（二）TQC 全面质量控制活动的原则

TQC 全面质量控制活动需要遵循以下四个原则：

（1）一切为用户着想，主张树立质量第一的思想。

（2）一切以预防为主，主张好产品是设计和生产出来的。

（3）一切用数据说话，主张用统计方法来处理数据。

（4）一切按 PDCA 循环进行，主张工业化管理思维。

（三）TQC 全面质量控制的发展

20 世纪 80 年代后期以来，全面质量管理得到了进一步的扩展和深化，逐渐由早期的 TQC 演化成 TQM，其含义远远超出了一般意义上的质量管理。

如果说 TQC 中的 Q 主要是指产品质量，是狭义质量的话，那么 TQM 中的 Q 则是广义质量的意思，它既包括产品和技术的质量，又包括研发、生产和服务流程的质量，还包括人才及培养人才系统的质量。

三、TPM 管理活动

（一）TPM 管理活动的起源

1950 年前后，美国制造业空前发展，在装置类制造业内广泛开展了各类设备保全活动（Productive Maintenance），这些保全活动被人们称为 PM 活动。

20 世纪 60 年代，日本从美国引进了 PM 活动，并在推进这项活动的过程中不断充实和扩张其内涵，发展成了后来的 TPM 活动。TPM 中的 T 就是

TOTAL的首字母，即全员参与的意思。

（二）TPM的定义

TPM活动的定义也经历了一个不断进化和发展的过程，其最新定义是在1989年修订完成的，具体内容如表1－16所示：

表1－16　TPM活动定义

定　义
1. 以建立健全追求生产系统效率化极限的企业体制为目标
2. 从生产系统的整体出发，构筑能事前防止所有损耗（灾害、不良、故障等）发生的机制
3. 包括生产、开发、设计、销售及管理部门在内的所有部门
4. 通过公司上层到第一线员工的全员参与和重复的小集团活动
5. 最终达成零损耗的目的

（三）TPM活动的两大基础和八大支柱

TPM活动有两大基础，一个是彻底的5S活动，另一个是持续开展的小集团活动。

TPM活动有八个重点，也被称为TPM八大支柱，包括了工厂管理中方方面面的内容，具体是指自主保全、专业保全、个别改善、品质改善、初期改善、事务改善、环境改善和人才培育等。

在实际管理过程中，企业内各部门的业务分割必然带来管理效率的整体下降，而两个基础和八大支柱改善就是要通过跨部门的改善机制来打破部门间的壁垒。即通过开展跨部门的改善活动，以重叠式的小组活动来达到意识和行为的变革，从而使整个管理环节连贯起来，进而提高管理效率。

四、TPS丰田生产方式

（一）TPS起源

丰田生产体系（Toyota Production System，TPS）由日本丰田汽车公司的副社长大野耐一创建，是丰田公司一种独具特色的现代化生产方式。它经历了数十年探索和完善，逐渐形成和发展成为今天这样的包括经管理念、生产组织、物流控制、质量管理、成本控制、库存管理、现场管理和现场改善等在内的较为完整的生产管理技术与方法体系。

（二）TPS 的体系框架

TPS 体系包含“一个目标”和“两大原则”。一个目标是低成本、高效率、高质量地进行生产，最大限度地满足客户需求。两大原则是“准时化”与“自动化”。

改善是 TPS 的基础。也就是说，TPS 中的一个目标和两大原则要通过员工的改善行动来实现。

（三）TPS 九大改善方向

（1）建立看板体系（Kanban system），实现后工序拉动生产。

（2）实施 JIT（Just In Time），缩短周期，降低在制品库存。

（3）实行标准化作业，对生产活动内容、顺序、时间控制和结果等所有工作细节进行严格的规范。

（4）排除浪费、超限及模糊不清等现象，从而提高效率。

（5）重复问五个为什么，对问题追根究底，以严谨态度打造完美制造系统。

（6）实现生产均衡化，降低库存，消除浪费。

（7）充分运用“少人化原则”（用尽量少的资源来完成任务），既可保持生产系统高竞技状态，又可节约各项资源。

（8）养成良好习惯，不断学习、改善和创新。

（9）提高生产方式柔性，快速应对小批量多品种需求。

五、VSM 价值流程分析

（一）VSM 价值流图定义

VSM（Value Stream Mapping）价值流程图方法诞生于 20 世纪 90 年代

中期的美国，是一种能系统改善信息（情报）流程、实物流程的好方法。VSM价值流程图的目的是为了辨识和减少生产过程中的浪费。

VSM价值流程图主要分析两个流程：第一个是信息（情报）流程，即从市场部接到客户订单或市场部预测客户的需求开始，最后转化为采购计划和生产计划的过程；第二个是实物流程，即从供应商供应的原材料入库开始，到原材料出库、产品制造、产品检验、产品入库和出库直至产品送达客户的全过程。

应用VSM价值流图分析企业生产流程，意味着要全面看待问题，而不是针对某个单独的过程；意味着将改变整体，而不仅仅是优化某个部分。所以VSM价值流程图分析结果往往可以成为精益战略的基础。

（二）VSM价值流图改善实践

价值流程图分析法一般要做两个状态图，一个是基于现状管理的“当前状态图”，另一个是基于精益思想的“未来状态图”。通过对比两张状态图，从中判别和确定出浪费所在及其原因，为消灭浪费和持续改善提供目标和方向。

随着技术和认知水平的提高，原来的目标变得不理想了，人们又可以再一次描绘更优化的“未来状态图”，从而进入一个更高层次的改善循环。如此循环往复，正是精益思想中“永无止境”的精髓所在。

4 如何培养变革之心

一、全面精益改善为什么这么难

如前所述，人们开发并运用了各种各样的改善系统、方法和工具，试图通过这些改善持续提升企业经营绩效。而且他们深信，只要拥有正确的精益思想，掌握科学的改善方法，再加上管理者和员工积极的改善行动，就一定能够获得完美的改善成果。

改善成果 = 正确思想 × 改善方法 × 改善行动

看上去毫无破绽的逻辑推理，为什么许许多多的企业却不得要领，不能取得期望的效果？人们不禁会问，企业动员员工改善为什么这么难？

实践经验告诉我们，正确的思想理念可以学，科学的改善系统和方法也可以学，难就难在如何获得甚至持续获得管理者和员工的改善行动。没有管理者和员工积极参与改善，全面精益改善终究是水中花，镜中月。

可见，企业在改善活动中难以获得成果，归根结底是因为缺乏员工参与改善的行动。也就是说，改善活动不能取得成功是因为员工缺乏改善变革之心。

是什么阻碍了企业员工变革之心？以下三项也许是问题的症结之所在。

（一）工具迷信和意愿培养缺失

在推动精益改善过程中，人们始终热衷于工具或方法的学习，犯了迷信工具的错误。一旦有什么新的工具或方法，人们就如饥似渴地学习，花钱请进来，付费走出去，学了又学，错以为只要学好工具和方法，就能够取得改善成果。

一旦某个工具或方法使用之后没有产生效果，就会怀疑这个工具或方法可能不适用，马上想到学习和尝试另一个工具或方法。如此循环往复，耗费精力和金钱不说，最大的问题是让管理者和员工无所适从，最后失去了他们的信赖。

但事实是，精益改善活动要取得成果光有理念和工具是远远不够的，要走出迷信工具的误区，并在培养员工参与意愿上多下功夫。通过采用各种活性化手段，营造浓厚改善氛围，是改善活动取得成果的重要工作。

（二）结果至上和过程辅导缺失

许多企业经营者信奉“只要结果，不问过程”的思想，在推进精益改善活动中也是如此。具体表现为，企业领导高高在上，提出一些看上去很美好的结果目标，自己却远离现场，远离员工，不能身体力行参与其中，这样的改善活动终究不会获得好的效果。美好的结果目标终将是经营者的一厢情愿罢了。

我们认为，要始终把精益改善成果的落脚点放在员工和团队的成长之上。因此，培养他们良好的问题意识，训练他们解决问题的能力，帮助他们达成目标是企业经营者的重要工作。所以，在全面精益改善中，领导需要身体力行，积极参与，并在过程中手把手教导员工做改善。

（三）制度迷信和改善机制缺失

人们早已经习惯甚至热衷于用制度约束员工，并试图通过绩效考核等制度措施调动员工的积极性，但结果往往令人失望。所以制度在促进员工积极参与改善方面的作用是有限的。

最好的办法是，持续运营具有硬约束的改善机制，创造一种不得不做改善的环境和条件。在改善活动初期尤其如此，只有这样做，我们才能帮助员工克服长期养成的行为惰性，化解活动中可能遇到的各种阻碍。

当然，长期运营改善机制，还会逐步培育出持续改善的企业文化，员工也将会因为深知改善有益于个人成长而乐此不疲。

二、如何培养改善变革之心

对比不同企业的精益改善后我们发现，不同的企业员工参与程度不同，所收获的改善成果也不同。员工的参与程度是员工变革之心的外在表现。因此，如何培养员工改善变革之心就显得十分重要，是全面精益改善能否获得成功的关键。

改变一个人的行为很难，改变一个团队的行为更是难上加难。关于促进变革和改善的思考有许多，以下是对三种培养改善变革之心的思维和方法进行的对比分析，以便读者从中找出最高效的培养员工改善变革之心的办法来。

（一）第一种：培训先行的思维

最具代表性的思维是这样的，即管理培训→学习吸收→改善变革，然后收获成果。改革开放以来，国内绝大多数企业基本上走的就是这条路。企业花钱把专家请进来培训，或者付费把员工送出去学习，做了大量的功课，为的是管理者和员工能够学以致用，并通过积极行动收获改善革新成果。

但事实证明，通过管理培训和学习吸收，让管理者和员工拥有改善变革之心的情况少之又少，转化率极低。即使有少数员工因为管理培训获得了改善变革之心，甚至尝试采取改善革新行动，也会因为势单力薄和各种阻碍而慢慢消沉下来。可见，这种做法投入大，成本高，收效甚微。

在三门峡地区有一家企业，为了提升管理水平、促进变革，在公司内组建了高、中、低三个管理学习班，请了许多专家教授讲学，花去了不少经费。可是两年之后，管理一切照旧，更别奢望收获改善革新成果了。最终企业高层找到了我们，3A 顾问通过调研发现，那些经历了两年管理培训的成员确实懂得了许多管理思想，知道了许多管理工具或方法，但是他们并不清楚如何学以致用。更不可思议的是，他们还因为学到了许多高谈阔论的论调而倍感骄傲，非但没有反省自己不能学以致用的原因，反而把矛头指向一线员工，认为管理水平不能提升是因为员工素养和能力太差。

（二）第二种：目睹先行的思维

第二种思维是：目睹问题→感受压力→改善变革，然后收获改善革新成果。显然，这种思维要比前一种思维更接地气，更有可能取得成果。把问题展示出来，让管理者和员工目睹问题，通常会唤起他们想改变现状或挑战目标的情绪。只要引导得当，培养他们改善革新之心，促使他们采取改善革新行动是有可能的。

事实也是如此，我们看到有些企业把各种管理问题张贴在管理看板上，并要求相关责任人限期解决问题。只要高层具备较强的领导力，往往这些问题会得到较快、较好的解决，并收获改善革新成果。还有些企业领导人善于采用走动式管理，在各管理现场指出存在的问题，并且要求相关部门责任人记录并跟进问题的解决，也能收到相应的改善革新效果。

当然，这种一事一议做法的结果是，改善革新效率太低，与企业领导的全然付出相比，显然“性价比”太低，不值得推广。当然，也有企业采取了更聪明的做法，聘请一批 IE 人才，要求他们每天到现场发现问题，直接参与解决问题或督促相关责任人解决问题。这样既可以避免公司领导的亲力亲为，还能够扩大解决问题的规模，理应收获更多的改善革新成果。

但新的问题又来了，这种工作模式通常会引起员工的反感甚至抵触。自己的问题每天被别人指指点点确实产生被冒犯的感觉，这是一件十分不体面和伤自尊的事情（问题的所有权被侵犯）。

笔者就接触过这样一个案例。某企业领导认为现场改善革新速度不够快，为了加快步伐，从外部请了一位经验非常丰富的 IE 专家，授权他在全公司范围内找问题，并督促员工改善。因为专家技术精湛，总能敏锐地看到各种浪费，同时他又十分敬业，对员工的督促毫不留情，一时间革新改善进度确实很快。但是好景不长，有一天员工聚众罢工，问其缘由，答案是这位 IE 专家很厉害，干脆让他一个人把所有事情都做了。为了平息事态，老板不得已忍痛割爱，把这位敬业的 IE 专家辞掉了。

类似的事情还在许许多多的企业里面重复着。

（三）第三种：行动先行的思维

经过长期的顾问实践，我们提出了一种全新的改善革新培养模式，即行动体验→收获自信→改善变革，然后收获改善革新成果。经过多年实践检验，发现这个模式在培养改善革新之心，促进员工参与方面十分有效，而且快乐、和谐和可持续。与前两种思维相比，这是一种转化率最高的改善变革之心培养模式。

第二种模式是从展示并让员工目睹问题开始，而我们倡导的模式却是启发员工自己发现问题和动手解决问题开始，出发点不同，收获的成果也大不相同。

大致的做法如下：

第一，选取某一类（而不是某一个）与员工当前的意识和能力相匹配的问题，制作识别、记录和解决此类问题的实用教材。在改善革新之初，通常选取如整理整顿或小布局调整等简单问题比较合适。

第二，针对所选类别的问题，对员工进行细致地解说和讲解，并确认相关员工是否真正理解如何识别和解决此类问题。

第三，具体辅导这些员工识别、记录和解决所选类别的问题，并手把手指导他们用指定格式把改善革新成果进行总结。

第四，有计划地组织改善案例发表会，让员工代表就一些有典型意义的事例发表讲解，接受公司领导和同仁的检阅和喝彩。

这样做的好处是显而易见的，我们始终把员工看成是现场的主人，是识别问题和解决问题的主体，变被动解决问题为主动解决问题。让员工亲身体验识别问题和解决问题的过程，不仅有利于员工意识和能力的提升，更重要的是可以帮助员工尽快树立信心和培养兴趣。

如此循环往复，我们可以不断升级问题的广度和难度，持续提升员工识别问题、解决问题的意识和能力，并逐步培养优秀的改善革新文化。

有这样一个事例非常有启发意义。我们辅导深圳一家世界500强企业的工厂做精益改善，为了提升某条生产线的生产效率，我们按照以下步骤展开工作。

第一步，我们结合这条生产线的特点和浪费问题，制作了一份简单易懂的关于《动作分析和效率提升》的学习资料。

第二步，我们对生产线共80多名作业员工进行了一次集中培训，用录像和图解方式细致讲解工序分解、动作分析及消除浪费的事例和方法。与此同时，我们还针对效率提升工作进行了动员，建议大家来一次识别浪费和消除浪费的竞赛，看谁做得好做得快。

第三步，我们给每位员工发了一份工序分解分析表，动员每位员工如实记录自己工序的每一个动作及动作时间。

第四步，所有员工在约定时间内积极提出并具体实施减少甚至消除浪费的方案。

用了不到三个月的时间，这条生产线效率提升了近40%，受到了公司高层的高度赞赏。从此之后，这条生产线的员工信心倍增，改善革新之心被完全点燃，成了全公司改善革新活动的标杆。

这个事例告诉我们，亲身体验解决问题的过程，要比目睹问题更能激起员工改变的愿望，更能培育改善变革之心。

全面精益改善的导入

导入改善机制需经历四个阶段，具体如表1－17所示。

表1－17　导入三大改善机制的四个阶段

活动四个阶段	主要活动目标
（1）导入准备阶段	准备人力资源、组织资源等，制定活动目标和活动计划
（2）活动开始阶段	为活动导入造势，彻底改变工厂的现状，促进员工意识革新
（3）活动展开阶段	逐步导入三大活动机制，营造改善氛围，追求全员参与
（4）活动提高阶段	对三大活动机制进行标准化运营，持续提升企业管理水平，大力培育全员改善文化

全面精益改善活动的推进一般需要经历如表1－18所示4个阶段的12个步骤。

表1－18　导入全面精益改善12步骤

阶段	活动步骤	活动要点
导入准备阶段	1. 公司高层决定导入全面精益改善活动	会议及其他场合宣布
	2. 改善培训和宣传	对干部和员工进行培训 进行必要的宣传宣导
	3. 推进组织的决定	决定公司活动推进组织 决定活动负责人
	4. 活动方针和目标设定	活动方针的酝酿 活动效果及目标的预测
	5. 制作全面精益改善活动大计划	活动导入开始至达成活动自主推进为止的大计划

续表

阶段	活动步骤	活动要点
活动开始阶段	6. 正式启动全面精益改善	以启动会、宣誓会等形式宣告活动启动
	7. 彻底的5S活动（可视为自主管理活动的一部分）	开展彻底的5S活动，为后续活动打基础
活动展开阶段	8. 导入自主管理活动	提高工厂管理水平 提高自主保全意识和能力水平
	9. 导入员工提案活动	为营造改善氛围，促进人人参与，开展提案活动
	10. 导入课题改善活动	开展以提升Q、C、D为目的的大课题活动
活动提高阶段	11. 活动成果总结	成果总结、揭示及报告； 改善案例集制作
	12. 建立自主管理体制	三大活动机制推进工作规范化；持续自主地推进改善活动

如表1－18所示，1～12个步骤只是活动导入的过程，导入结束并不代表活动结束了，全面精益改善活动要求长期、持续、有效、自主地推进下去。

导入的过程到底需要多长的时间，由于企业的规模和既有管理基础不同而有所区别，短的2～3年，长的3～5年即可基本完成全面精益改善活动的导入工作。

下面就全面精益改善活动的导入过程作一些简单叙述。

一、全面精益改善活动导入的准备

全面精益改善活动是一项能为企业带来变革和效益的活动，要推进好这项活动需要进行一系列必要的准备。

（一）公司高层宣布推进这项活动

企业高层的认识、意志是决定全面精益改善能否成功开展的关键，所以公司高层对活动的理解和认识是首先需要解决的问题。

我们知道，导入这项活动还会有一定的资源（人力、物力和财力）投入，只有企业高层对这项活动充满信心时才能做出相应的决策。当然，只要企业高层能坚定地促成活动的开展，那么全面精益改善活动将为企业带来数倍甚至更高的回报。

企业高层对全面精益改善活动长期保持热情和定力也是活动取得成功的关键。如果企业的高层只是抱着试试看的态度，或者认为只要员工积极参与，自己参与不参与没什么关系，这样的想法是不可取的。

当然，企业高层的意志还需要以一定的方式（经常地、持续地）传递给企业的全体员工，做到这一点，全面改善活动的推进工作就可以得到有效的坚持，否则再好的愿望也得不到好的结果。

（二）精益改善活动导入培训和宣传

要开展这项活动，对各个层次员工进行系统的改善活动培训很有必要。培训的目的主要有两个，一个是让员工理解全面改善活动的基本内容和推进程序（方法的学习），另一个是让员工充分理解开展这项活动的重要性（观念的改变）。

为了营造适合于活动开展的氛围，对精益改善进行一定的宣传（标语、板报、报纸、横幅及口号征集等）也是一个不可忽视的环节。

（三）全面精益改善活动组织的建立

1. 精益改善活动推进组织

精益改善活动的有效推进有赖于建立一个强有力的活动推进组织。一般来说，精益改善活动组织包括全公司范围的推进委员会（主要由高层和各部门负责人组成）、三大活动机制推进组织及各部门内部的活动推进组织，图1－16就是一个推进组织的模型。

2. 推进组织的作用

如图 1－16 所示，推进组织具体的构成方式及各个推进组织的主要作用如下：

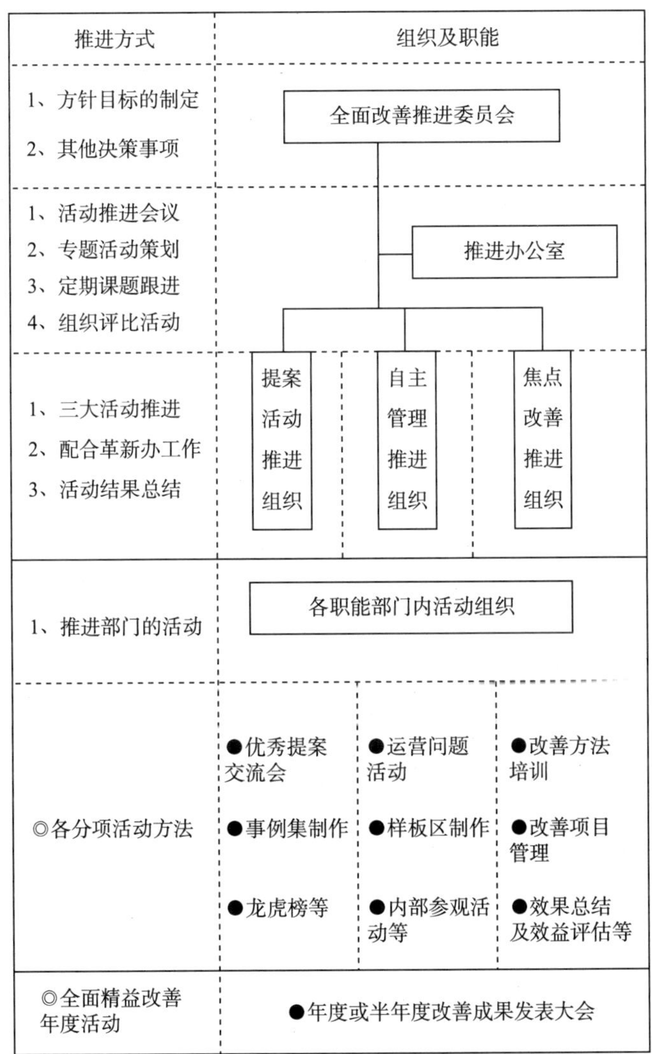

图 1－16　推进组织及活动模型

（1）推进委员会由企业的高层组成，主要应该包括公司的最高负责人（董事长或总经理）和各部门负责人，董事长或总经理一般就是推进委员会的主任或委员长。推进委员会主要负责活动方针的制定、年度改善大会的召集及对推进事务局提出的重要推进事项的审议和决策。

（2）推进办公室（或事务局）是为活动推进而设立的一个常设机构，也可以一步到位成立一个负责精益改善活动推进的经营革新部门。企业可以任命数名专人组成推进办公室或事务局，全面负责活动推进工作，他们将为企业带来意想不到的巨大收益。推进办公室负责全公司改善活动的计划、目标制定、员工培训、各种活动任务的布置和督导、活动的运营管理及各种与活动推进相关事项的协调和处理等。

（3）各分科会组织主要由推进办公室内的专职人员和各部门推进代表组成，主要负责分科活动的推进和指导，配合推进办公室工作，及对分科活动成果的总结等。

（4）部门改善活动小组由部门长担任组长，由指定人员担任组员，主要负责活动的实施和部门内活动进度的跟进。

（四）全面精益改善活动方针和目标设定

开展全面精益改善活动本身并不是我们的目标，而是达成企业经营方针的手段。因此，设定改善活动方针和目标时，要考虑与企业的经营方针和目标进行整合。反过来，在设定企业经营方针、计划时，要明确指出全面改善活动在企业经营活动中的地位和重要性。

目标设定要在对现状进行充分调查的基础上进行，不能盲目设定目标值，即好的目标应该是经过努力可以实现的，而且又是具有挑战意义的。不好的目标却是相反，要么目标太高不切实际，要么目标太低没有挑战意义。

表1－19是一个不好的目标设定的例子，特别是那些“保持在……之

上”一类的目标设定也是不科学的，既不能体现持续改进的思想，又不能激起员工的改善欲望。

表 1－19　不好的目标设定

活动目标	评　语	原因说明
1 年内将生产效率提高 5%	没有挑战性	过低的目标激活不了创造力，对手可能进步得更快。
1 年内管理费用降低 3%	同上	
5 年内进入世界 500 强	相关性不够	缺乏依据而且与改善相关性不够
良品率维持在 95% 以上	没有挑战性	改善应该追求提升而非维持

图 1－17 为某企业全面改善活动方针和目标。

【改善活动方针和活动目标】

一、改善活动方针

全员参与，挑战行业内最高的生产效率，成为行业内最具竞争力的企业。

（1）文明进取的员工团队——人才培养；

（2）整洁高效的管理现场——工厂建设；

（3）温馨明快的工厂氛围——文化塑造。

二、改善活动目标

改善活动目标是结合企业经营方针来制定的。

2014年改善活动计划

1.活动的准备(1～3月)

2.员工改善提案活动：

月度人均2件，参与率70%

3.现场自主管理活动：

样板区自主管理0～1阶段

4.效益焦点课题活动：

效率提高30%，库存降45%

图 1－17　全面精益改善的基本方针和目标

（五）改善活动大计划的制作

我们认为开展全面精益改善活动必须以实际改善企业体制为目标，即以导入改善活动机制，促进全员参与和保障活动水平持续提升为目标，开展全面精益改善活动。

因此，制定一个达成以上目标可行的活动导入计划就是这个步骤需要完成的工作。

表1－20就是一个全面精益改善活动导入大计划的例子。

表1－20　全面精益改善活动导入大计划

序号	活动项目	活动内容	活动目标	三年大日程计划											
				第一年				第二年				第三年			
1	自主管理活动	1）彻底的5S活动	85%完成	→	→										
		2）初期清扫活动	85%完成			→	→								
		3）两源对策活动	85%完成					→	→						
		4）总点检活动	85%完成							→	→				
		5）作业效率化活动	85%完成									→	→		
		6）自主管理体制建立	85%完成											→	→
2	员工提案活动	1）提案奖励标准制订	月度参与率50%以上				→								
		2）提案活动开展						→	→	→	→	→	→	→	→
		3）优秀提案交流展示								→	→	→	→	→	→
3	课题改善活动	1）管理指标体系建立	标准1件							→	→				
		2）课题登录	2个/部门									→			
		3）课题改善活动开展	每月1次							→	→	→	→	→	→
		4）重要管理指标跟进	月度报告										→	→	→
4	总结与发表会	1）月度活动总结	每月1次	→	→	→	→	→	→	→	→	→	→	→	→
		2）改善之旅与课题发表	半年一次		→		→		→		→		→		→
		3）年度发表与表彰	一年一次				→				→				→

在导入全面精益改善活动的过程中，特别需要注意的是这样一个过

程，即首先制作样板线、样板区或样板设备，再将样板线、样板区或样板设备的经验进行推广，获得以点带面的效果。制作样板线、样板区或样板设备的好处是很明显的，就是通过局部的快速改善，向企业上层和员工展示改善活动的效果和威力，让员工体会参与改善活动的成就感，并对改善活动满怀必胜的信心。

二、全面精益改善活动的启动

在以上各项准备工作完成以后，就可以全面启动全员参与的精益改善活动了。

（一）精益改善活动的正式启动

导入准备阶段是以管理层为主体开展活动的，而活动的正式起动则需要对全员进行说明和动员。说明和动员可以通过召集员工大会的形式来进行，主要包括如下事项：

（1）企业领导讲话。

（2）由公司指定的活动推进负责人介绍精益改善活动组织、基本方针、目标及活动计划。

（3）样板区员工代表和各部门负责人发言或宣誓。

（4）样板事例发表及优秀样板事例奖励。

（5）口号征集结果发表和奖励。

……

通过启动会，最大限度地宣传改善活动的意义，渲染公司上下推动改善的意志，创造一种“只许成功，不许失败”的不可逆转的氛围，为日后活动的推进打下良好的基础。

（二）彻底的5S活动（自主管理0阶段）的推进

5S活动起源于日本，是企业现场管理、改善活动的基础。它的内容是整理、整顿、清扫、清洁、素养，由于每一个词的日语发音的首字母都是S，5S由此得名。5S活动的细节将在后面的章节中介绍。

开展这项活动可以帮助员工认识企业的管理现状及自身工作中的不足和差距，并通过明显的现场5S改善成效来强化员工对活动的信心和参与的积极性。

三、全面改善活动的展开

（一）自主管理（1～5阶段）活动开展

5S活动达成基本目标后，要及时开始推进自主管理活动。自主管理要按照5个步骤开展导入活动，在逐步提升自主管理水平的同时，最终达到在工厂建立自主管理机制，并保障活动持续推进的目的。

（二）员工改善提案活动开展

在5S活动取得初步成果之后应立即推出提案活动。改善提案活动可以通过各种办法鼓励全员持续积极地参与，促进所有员工关注和解决自己身边的问题，并把解决问题的过程和成果总结成改善提案提交给部门领导。

为什么要在5S活动之后开展改善提案活动呢？道理很简单，因为5S活动可以培养员工的问题意识及识别现场管理问题的眼光和能力，对提案活动的推动是很有好处的。

（三）课题改善活动的推进

随着改善提案活动和自主管理活动的进一步开展，员工的改善意识和改善能力将进一步提高，条件成熟的时候，就要不失时机地推出课题改善活动。

课题改善活动要想取得期待的成果，建立一套课题登录、活动推进、进度管理及总结提高的管理体系非常重要。

四、全面精益改善活动成果总结和提高

（一）改善活动成果的总结

改善活动成果的总结和展现形式是多方面的，因此在总结活动成果的时候，总结的模式也应该是多样化的。

以下是一些常用的做法：

（1）各类改善事例、案例集制作。

（2）改善活动专栏制作。

（3）优秀改善事例交流。

（4）课题改善效果总结及报告会。

（5）改善金额统计和公布。

（二）建立自主管理体制，持续运营三大活动机制

我们知道，总结的目的是为了提高。

我们不能期待所有部门及所有场所都能同步得到改善和提高。由于不同部门负责人和员工认识水平的不同及各部门的客观条件所限，改善水平肯定是参差不齐的。企业的管理者要很现实地认识到这个问题，而且要学会运用这种差异，激起后进部门追赶或赶超先进部门的热情。

在这个过程中，一方面，我们要不断地总结优秀的事例，推广先进的经验，促进更多的部门提升水平。另一方面，要设定更高的挑战目标，促进先进部门的持续提升。

总之，精益改善是无止境的，要追求优良的企业管理体制，保持改善活动的持续推进和活动水平的不断提高是关键。而建立一个自主管理、自主改善的机制，持续提升企业软实力才是推进这项改善活动的最终目的。

6 全面精益改善成功的诀窍

成功推进全面改善活动的三要素如图 1－18 所示。

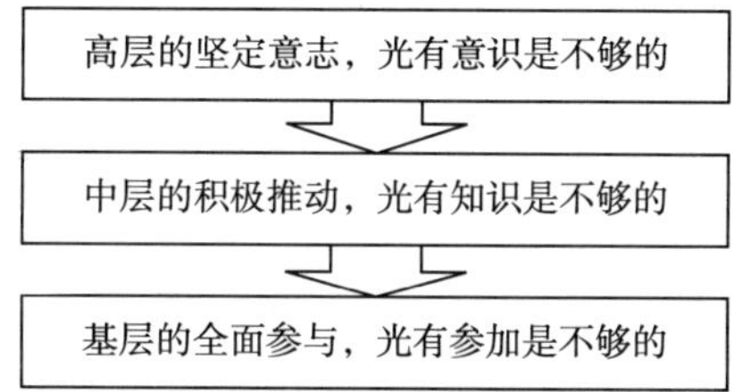

所谓参与，就是指员工不能成为改善活动的旁观者，而要积极付出智慧和行动

图 1－18　成功推进全面改善活动的三要素

一、推进过程中的三个重点工作

精益改善活动的推进工作包括以下三个方面的内容：

（一）描绘精益改善愿景（指明方向）

要给员工描绘一个明确和令人心动的精益改善愿景，这个愿景不仅要说明精益改善将给企业带来效益提升等方面的内容，更要明确表述精益改善将给员工个人带来什么，比如工作环境的改善、精神和物质的激励、个人意识和能力的提升等。

（二）设法促进员工积极参与

调动员工参与精益改善活动的积极性，激活改善氛围是推进过程中最关键的工作。如果做不到这一点，改善活动的效果将大打折扣，也就失去了全员参与的意义。

（三）帮助员工提升改善能力

参与改善活动本身就应该是一个很好的学习和提升过程，推进过程中对员工进行必要的培训和手把手地辅导，对活动的持续开展和活动水平的提高都具有重要的意义。

在具体推进改善活动的时候，要注意以下几个要点：

（1）不要简单给出答案，给予员工思考（集思广益）和自主实施的机会（培育员工的自主性）。

（2）对活动过程和细小的成果予以肯定和认同（树立员工的自信心）。

（3）少强制，多启发，要经常做鼓励引导工作（及时化解员工的不解和抵触情绪）。

（4）及时关注和指导员工的改善进程（对改善活动不放任，并及时帮助解决问题，实现目标）。

（5）不要过于追求效果，而要重点关注员工成长（意识、能力和信心的增长）。

二、推进工作的人才准备

成功推进改善活动，需要准备选拔和培养一批有强烈改善愿望和懂得改善技术的人才。

一般来说，活动推进人员首先应该是一位积极向上的人，具体的选拔条件如表1－21所示。多少分才是合适的人选呢？当然是越高越好了，但是60分也许是可供参考的数值。

事实上，在具体决定推进人员的时候可能会碰到人力资源不足的情况，这时就不能拘泥于评价表，而要根据平时的考核结果来进行选拔。比如某员工平时工作积极认真，行动力强，深受员工信赖，有号召力等，就足以成为很好的活动推进人选。

表1-21 推进人员推荐评价表

项目	条件	评价
态度和业绩	（1）积极向上的生活和工作态度	5 4 3 2 1
	（2）有不放弃和坚持的毅力	5 4 3 2 1
	（3）有良好的工作业绩	5 4 3 2 1
	（4）能诚恳待人，认真对事	5 4 3 2 1
	（5）具有不求全责备的态度	5 4 3 2 1
	（6）能率先垂范，从自己做起	5 4 3 2 1
领导才能	（7）具备良好的沟通、说服能力	5 4 3 2 1
	（8）良好的交涉、折中能力	5 4 3 2 1
	（9）有个人魅力或影响力	5 4 3 2 1
	（10）有很好的合作共事能力	5 4 3 2 1
	（11）有辅导和培养人的能力	5 4 3 2 1
	（12）有决策能力	5 4 3 2 1
专业水平	（13）具备良好的专业素养	5 4 3 2 1
	（14）有很强的综合能力	5 4 3 2 1
	（15）有很强的学习能力	5 4 3 2 1
总分		

要让这些人懂得精益改善活动和改善工具（技术），需要企业给他们各种各样的学习和实践的机会。可以采取“请进来”的办法，即从外部请来工厂管理和改善专家集中授课或辅导，也可以把员工派出去学习一些实用管理和改善课程。

三、成功推进三大技巧

良好的方法能够起到事半功倍的效果。在开展5S或精益改善活动时，很多企业由于方法不得当而导致中途夭折。因此，在确保精益改善活动推进的过程中，要注意方法与技巧的运用，归纳起来有三大诀窍：

（一）创造现场的变化

第一个诀窍是要创造现场局部的变化。企业在推广新的管理活动时，要让员工积极参与，最重要的就是要创造局部的变化，消除员工的认识障碍，走出活动误区。通过在现场创造局部、快速的变化，让员工和高层领导看到这些变化，从而增强他们对改善活动的信心，提高参与的积极性。

（二）促进员工参与

对于精益改善活动的推广而言，几个人或者局部人员的参与是不可能完成的。因此，在消除了大家的认识障碍之后，企业要用各种各样的形式，特别是设计和采用一些趣味化的活动形式，吸引员工轻松愉快地参与进来，这样才能有利于改善活动的整体推广。

（三）不断提出更高的目标

成功推进全面精益改善活动的第三个诀窍就是不断提出更高的目标。如果企业开始设定的目标过高，可能使员工产生遥不可及的感觉，从而缺乏改善的信心和动力。因此，企业应当选择适当的时机，提出不同的阶段性目标，逐步提高目标层次，引导员工一步一个脚印向前迈进。

案　例

有一家专门生产油墨的公司，由于其产品的特殊性，生产现场通常比较脏乱。在推行改善活动的过程中，这家公司的总经理结合自身企业的特性，提出了两个阶段的目标。

在第一阶段，他要求所有员工在三个月内将身上的围裙去掉。在这一目标指引下，全公司开展了彻底的5S活动，如解决油墨的飞溅问题，处理掉工作台上的污迹等。三个月后，员工们确实实现了总经理设定的目标，只穿工装进行作业。

这时候，总经理又提出了第二阶段的目标，要求用半年的时间进行彻底的治理，将黑色的工装改成淡颜色的工装。半年后，目标又实现了。

通过这种形象的目标提示，让员工不断有新的追求，企业的管理水平也得到了很大的提升。

四、成功推进全面精益改善活动三个动力

与其他变革活动一样，成功推进精益改善活动也需要以下几个动力的配合：

（1）高层的坚定意志，光有意识是不够的。

（2）中层的积极推动，光有知识是不够的。

（3）基层的全面参与，光有参加是不够的。

（一）高层的坚定意志

企业高层的意识虽然是推行管理的诱导性因素，但却不是成功推行改

善活动的最重要条件。也就是说，仅有意识是不够的，企业高层要在意识的基础上形成坚定的意志，即一定要把这件事做好，并且一定要长期坚持下去。

（二）中层的积极推动

在任何的变革活动中，中层管理者自始至终都扮演着主要推动人的角色。因此，中层管理者仅有知识是不够的，还需要有强大的推动力和执行力，能够将改善活动的管理理念推广下去，确保各项改善活动的落实。否则，一切都是没有意义的。

（三）基层的全面参与

基层员工是改善工作的落实者，基层的参与是实现各项变革活动的最终落脚点。基层员工光有参加是不够的，还需要全身心地积极参与其中。参与和参加是不同层次的两个概念，参与需要用心，动脑和动手，也就是说，员工在参与改善活动中要充分发挥自己的智慧和能动性，为企业的管理提升服务。

第二章
企业竞争归根结底是班组的竞争

小故事：打破传统分工的局限

有一家跨国公司遇到一个许多企业都遇到过的问题，那就是制造部和总务部（负责设备维护）之间相互抱怨，配合不好。总务部抱怨制造部的人不动脑筋，鸡毛蒜皮的事情都写一纸维修单要总务部做这做那；制造部抱怨总务部没有服务精神，每年花钱搞墙面维护，还搞得墙面到处破破烂烂。一听问题，就知道是传统分工惹的祸。

在辅导过程中，我们建议工厂厂长（管辖四个制造部）尝试通过自主管理活动，来改变目前这种部门间相互抱怨和不信任的状态。

自主管理活动的目标之一就是尽量减少对外部的依赖。活动的第一步是从每个制造部抽调一名平时表现比较积极，并且比较有技能和潜质的男员工。很快四名员工就到位了，组成自主管理小组，由厂长亲自宣布这个被命名为“自主管理小组”的目的和任务，并选出一名组长负责带领这个团队。该小组的第一个任务是做三方面的准备，第一是自身技能的准备（公司花钱派他们去外面学习），第二是各类保全工具的准备（公司花钱采购），第三是服务内容和服务流程的准备。

调研的结果表明，制造部门之前向总务部设施科填写的申请单的绝大多数事项，都可以由制造部门自己完成。在所有工作中，最大的一项就是工厂内墙及地面的粉刷和修复工程，除此之外就是一些零散和应急的事情，如换个插线板、钻个孔、换根线之类的。制造部一边按计划对墙面和地面进行粉刷维护，一边快速地解决现场提出来的各种需求，最后制造部的抱怨没有了。

没过多久，很少深入现场的总务部设施科人员心生疑惑：最近制造部门的维修申请单好像少了许多。到现场一看傻眼了，已经有几面墙被刷得雪白，并且比之前刷得更白，原因是刷墙时的用料足。总务部设施科人员的第一反应就是，自己的事情被越组代庖了。投诉邮件很快就发到厂长那里，投诉的内容是：制造部凭什么越权把本该总务部做的事情做了？总务部要求厂长马上明确部门职责，制止越权行为。

这样的反应在预料中，厂长马上约总务部有关人员开会，说明这样做的好处主要有两个，一是降低维护成本（每年可以节省40多万元的费用），二是培养制造部的自主管理能力，使制造部少给设施科添麻烦。由于这位厂长在公司的地位和影响力较高（策略建议：如果这位厂长的地位不足以说服总务部长的时候，那么就要考虑事先与总经理协调，由总经理做说服工作），总务部与会人员就这样被说服了。

既然生米已经煮成熟饭，总务部设施科内部开始了“思想上的挣扎”。他们在现实面前只有两个选择，一个是放弃追求，整个总务部设施科等着被调整出局（从组织架构中抹去）；另一个是积极进取，重新定义部门价值，后者成了他们必然的选择。他们通过头脑风暴，提出了两个设想：第一，送服务上门，每四个小时做一次巡回检查，及时解决制造部一些专业性强的设备点检和维护工作；第二，帮助制造部生产工夹具（目前需要委托外部公司制作）。

后来厂长动用公司资源，从其他分公司引进了一些二手设备，帮助设施科实现了第二个设想。从此，制造部和设施科之间的关系得到了改善，各自部门的管理水平和服务能力也得到了提高……

❶ 如何让问题消灭在萌芽状态

何为自主管理，如图 2－1 所示。

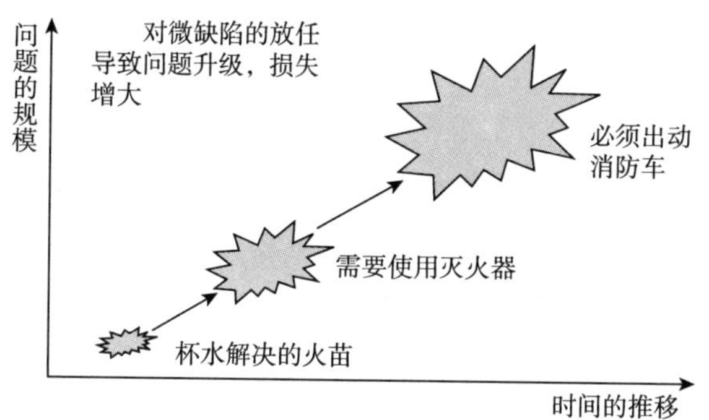

图 2－1 自主管理

在工厂管理中，一个不可回避的事实是：设备、厂房和环境等，随着时间的推移在不断地老化和劣化，而且比我们想象的快得多。但这个进程却经常因为管理水平的不同而存在巨大的差异。一些管理好的企业，老化和劣化得比较慢，我们说它的维护保养做得好，反之亦然。就如同人的身体一样，某人 60 岁了看上去还像 40 岁，我们说他会保养。

自主管理活动的核心内容是工厂保全活动（PM），它起源于二十世纪五六十年代装置型制造业飞速发展的美国，之后被各先进工业化国家所学习和运用。

一、自主保全与自主管理

（一）根据保全活动特点分类

根据保全活动的特点，它可以分成以下几类：

（1）破坏性保全（Broken Maintenance）；

（2）生产性保全（Productive Maintenance）；

（3）预防性保全（Protective Maintenance）。

（二）根据实施责任分类

根据保全工作的实施责任不同，可以分成自主保全和专业保全两大类。自主保全就是由设备的使用者自己实施对设备的保全活动，专业保全是指由专业人员进行的保全活动，它们是对应存在的两个方面。狭义的理解是，我们认为由设备和场所的使用者实施的保全活动为自主保全，由设备管理部门实施的部分叫专业保全。

（三）自主管理就是广义的自主保全

从广义上理解，我们认为由公司内部员工完成的所有保全活动都是自主保全，而委托外部专业机构完成的保全活动就是专业保全。为了区别于一般意义上的自主保全，我把它称之为自主管理。

全面改善活动的特点之一就是强调企业内的自主保全活动，即操作者本人及企业员工自己对设备和工厂负起实施自主维护和自主管理的责任，尽可能地减少对外部专业保全公司的依赖。

二、自主管理活动的三大要素

（一）何谓自主管理

所谓自主管理就是自己的工厂（企业）自己维护，即由企业员工自主地对工厂（企业）实施全面的管理、改善和维护。员工通过持续不断的维护和改善，逐步消除现场微缺陷，减缓工厂老化和劣化进程，防止问题发生，使工厂生产要素（环境、设备、工具和方法等）保持良好状态的过程，叫作自主管理活动。

（二）自主管理三要素

自主管理应当具备三个要素。

1. 自主管理意识

员工要有自主管理的意识，即员工意识到工厂的管理要靠自己来实现，愿意参与自主管理活动。

2. 自主管理技能

员工要具备相应的自主管理的技能，没有技能或者不懂方法都无法顺利地展开自主管理活动。

3. 自主改善活动

自主管理要求员工以小组为单位，自发组织起来，将好的改善想法付诸实际行动，以不停歇的小组改善活动来实现自主管理。因此，自主管理不仅是一种改善方法、一种活动机制，更是追求卓越的具体表现。

人们自古崇尚“无为而治”，优秀的企业要追求自主管理，就要追求员工自动自发地进行企业维护与改善。

自主管理 ＝ 自主管理意识 × 技能 × 自主改善活动

自主管理活动强调了企业员工参与对自己设备及对工厂（企业）维护工作的重要性和必要性，一方面，操作者与自己所使用的设备朝夕相伴，在对设备性能及运行状况的了解、故障的早期发现、维护工作的及时进行等方面可以发挥其他人员不可替代的作用；另一方面，开展自主管理活动有利于提高操作者对设备使用的责任感，因此，开展自主管理活动对提高设备管理水平的重要意义是不言而喻的。但它并不排斥外部专业人员进行的设备维护工作（即外部专业保全）。某些专业设备还是需要专业人员实施维护，例如电梯的定期维护、汽车的定期保养等。

目前，企业通常的做法是操作者只管使用设备，设备的维护工作全部由设备技术人员来完成。而自主管理活动首先是要将操作者的积极性调动起来，使他们成为熟悉设备的操作者，不但能正确熟练地操作设备，还能对设备进行清扫、紧固、润滑、调整和日常检查确认，并具有及时发现设备故障和进行修复、处理简单故障的能力。开展自主管理活动的目的就是通过操作者的广泛参与，追求设备的零故障，达到设备的极限效率。

三、正确认识和规划自主管理活动

经常会听到一些管理者抱怨："我们每天的生产任务都完成不了，哪里有时间来开展自主管理活动?""一线的生产员工也是一个萝卜一个坑，哪里有多余的人手?"其实管理者抱怨的是事实，那么在这样的情况下怎么进行自主管理？自主管理并不是简单地等同于让设备的操作者承担所有保全工作。自主管理是一个长期追求的过程，而且方法也不是唯一的。

图2－2是某世界500强生产企业自主管理活动的规划示意图。其目的是通过鼓励一线作业者自主参与、构建部门保全小组、提高公司内部专业保全能力等一系列活动，不断减少对外部专业保全公司的依赖。

在这家企业里，自主管理包括作业者自主保全、保全小组保全工作、内部专业人员的专业保全等内容。

首先，引导现场员工尽可能多地承担作业现场和设备的维护及管理工作，逐步提高作业者自主保全的份额。

其次，各部门还可以通过建立保全或改善小组等形式，尽可能多地做

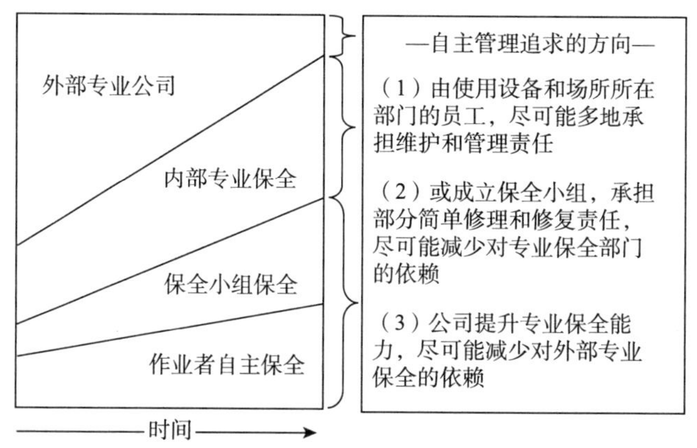

图 2－2　自主管理追求的方向

好自主保全，减少对专业保全部门的依赖。

最后，通过内部全面系统的培训，提高企业专业保全部门的保全技能，积极为各部门提供具有专业水平的保全服务，使公司尽可能减少对外部专业保全公司的依赖，降低外委维护费用。

总之，自主管理所追求的目标是，打破传统分工的局限，最大限度地实现自主管理，减少个人、部门及企业对外部的依赖，并通过员工的自主维护和改善活动，提高效率，降低成本。

四、微缺陷成长和倍增法则

（一）什么是微缺陷

所谓微缺陷，是指在程度上似是而非、似有非有，对结果影响极小的细小缺陷。例如：设备外壳变形、密封不严、小的跑冒滴漏等现象。由于微缺陷的这种特点，管理者往往会忽略微缺陷的危害，认为生产现场脏一点、乱一点、操作稍微有些违规也没有关系，只要能够完成生产任务，不出大事故就行了。这样一种错误的认识，危害是十分严重的。

实际上，微缺陷积累起来就是大问题。

（二）微缺陷成长法则

德国飞机涡轮机的发明者德国人帕布斯·海恩在航空界提出一个关于飞行安全的法则。帕布斯·海恩法则指出：每一起严重事故的背后，必然有29次轻微事故和300起未遂先兆及1000起事故隐患。当然，这种联系不仅仅表现在飞行领域，在其他领域也同样发生着潜在的作用。

微缺陷可以成长为事故隐患，甚至成长为巨大的灾害（如图2－3所示），它们之间存在着一定的比例关系。企业管理者如果忽视了微缺陷，任由微缺陷累积和成长，那么微缺陷最终将完成量变到质变的转化，最后形成大的缺陷。这种大缺陷的表现形式可能是灾难性的，如死亡事故、火灾等。

因此，如果要消除大灾害，唯一的出路就是减少和消除微缺陷，杜绝管理系统、管理者和员工对微缺陷的麻木不仁。

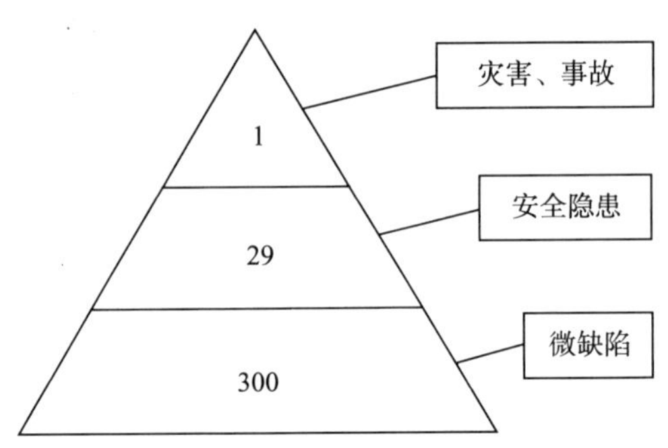

图2－3　微缺陷成长法则

（三）如何实现零故障、零事故、零缺陷

如图2－4所示，从冰山理论可以看出，故障只是冰山的一角，仅仅是问题的一小部分。在可见的故障下面，还隐藏着众多潜在（事故、安全）的隐患或微缺陷，如污垢、废料、磨损、松弛、腐蚀、异常音、温度或浓

度异常等。大量微缺陷的存在必然会导致故障或事故的发生。因此，消除故障或事故的唯一办法是不断消除隐藏于水面之下的微缺陷和小问题。当所有的微缺陷和潜在的缺陷都消除完毕时，故障也就无处藏身了。如果管理者在平时对微缺陷视而不见或漠不关心，那么问题发生后试图采取高压政策消除故障的做法一定是徒劳的。

无论管理者对故障、事故或灾害本身多么深恶痛绝，只要微缺陷大量存在，那么故障、事故或灾害就一定无法避免。只有及时消除微缺陷，并使之不断趋于零的时候，故障、灾害才可以减少乃至消除。因此，了解微缺陷的消除机理，是灾害、事故零化的前提。

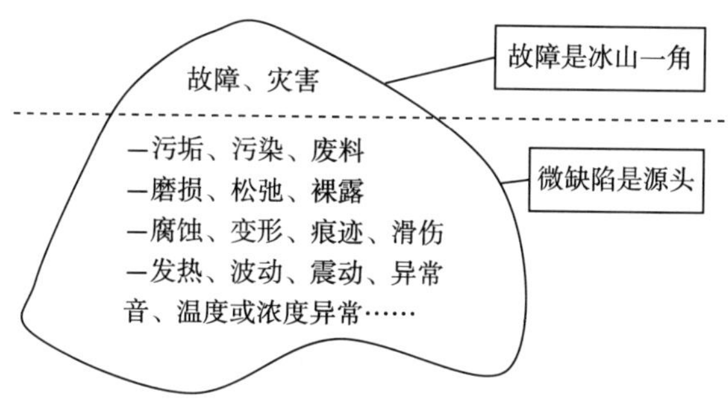

图 2－4　消除故障的冰山理论

五、自主管理全面提升企业管理体制

自主管理活动的意义在于全面提升企业管理体制，具体表现在以下几个方面。

（一）管理逐步走向“防患未然”

一线员工是现场管理的主体，他们的身边存在着大量的微缺陷。自主管理活动能够使他们从自己的身边做起，从小事着手，消除微缺陷和事故隐患，防患于未然。

（二）提升员工的“意识和能力”

一方面，班组长和作业者的改善意识是改善活动得以长期维持的基石，而改善意识的培养又与改善活动密切相关。自主管理活动通过日常的细节管理，让员工在亲自参与过程中不断强化改善意识，熟练掌握生产设备的操作技能，进而提升整个企业的生产维护能力。

另一方面，员工的单一技能会造成员工的危机感，使之无法适应二次谋职的需要。通过开展自主管理活动，可以使员工培养良好的工作意识，主动学习全方位的技能。这样，不但有助于提高企业的管理水平，而且有利于员工的个人发展。因此，企业应当满足员工的这种需求，在自主管理过程中让员工获得全面的提升。

案　例

在深圳，理光公司的旁边是三星公司。这家三星公司在开业时打出的招聘广告中提到：跨国企业的员工来求职可以免试，并且可以提高级别，还可以送到韩国研修半年等。很显然，招聘广告主要是为了吸引隔壁理光公司的员工。

三星公司为什么对理光公司的员工特别有信心呢？因为三星公司清楚地看到，理光这样的企业培养出来的员工绝对不是单一技能的人，而是全方位、全面发展的人才。同样，理光公司对此也拥有很好的心态：由于公司拥有良好的人才培养机制（学习氛围浓厚，人才辈出），人才储备充足，即使三星公司把现场一部分优秀员工吸引去了也没有关系，公司内还有很多人才可以得到不断地提升。

在一般情况下，管理者往往低估了操作者的能力和潜力，认为他们仅仅是简单的劳工。其实他们是工作的创造者，只要给他们机会，他们的智慧会令人吃惊。

（三）改善“部门协作关系”

在传统的分工条件下，维修部门负责设备维护，生产部门负责生产。一旦设备出现故障导致生产任务无法按时完成时，生产部门往往会指责维修部门，认为是维修部门对设备的维护不及时导致设备故障率高，而维修部门则认为设备出现故障是因为生产部门对设备的使用不当。

在开展自主管理之前，由于各部门之间职责划分不明确，设备管理和使用权限分离，生产出现问题，部门间互相扯皮，互相推诿，管理者无法找到责任人，进而导致不同部门之间的关系恶化。

而自主管理坚持“谁使用，谁负责”的原则，打破了传统分工的局限，明确了设备使用者的维护责任，即设备的维护工作由设备使用部门来管理和主导，这样就有效地消除了“踢皮球”现象。随着自主管理活动的推行，从前那种互相埋怨消失了，部门间的关系也得到了相应的改善。

（四）打造“卓越改善班组”

班组是工厂管理中最基本，也是最活跃的细胞。班组强则现场强，现场强则企业强。首先，自主管理能够教会班组长怎样去做管理，怎样利用班组资源为企业创造价值。其次，自主管理还可以提升班组成员的问题分析能力和动手改善技能。长期开展自主管理活动，还能够培育积极进取、自主学习和全员改善的班组文化，实现由“作业班组”向“改善班组”的转变。

（五）建设“卓越管理现场”

通常人们在称赞某某工厂注意厂区绿化时常说，建成了花园式的工厂。这里所说的花园式，一般指的是厂区内、生产现场以外的区域绿化好或者说美化好的意思。但是，生产现场的状况如何呢？谁也不敢保证，没准是一个脏、乱、差的管理现场。

而我们所说的建设整洁有序的工厂，就不是简单的工厂非生产区域的美化，而是通过自主管理活动和目视管理活动等的自主制作，使得生产现场像花园一般温馨明快、赏心悦目。图2－5就是一组管理有序、整洁美观的生产现场的照片。为了说明工厂管理现场的差异，本该将一些脏乱不堪的管理现场图片展示其中，但是考虑到这样做的风险（企业对号入座），在此免去登载。

试想一下，在这样的环境下工作是多么美妙和愉快（如图2－5所示）！员工的自豪感一定会油然而生，高效的工作效率、良好的企业形象及员工对企业的热爱也是毋庸置疑的。

(干净整洁的生产车间)

(没有锯末的家具工厂)

图2－5　整洁有序、赏心悦目的工厂管理现场

(六) 自主管理活动的其他重要意义

(1) 激发员工的主人翁意识和不断改善工作的责任感。

(2) 减少外委维护费用，节约成本。

(3) 有利于形成一种心情舒畅、积极向上和对企业有归属感的企业文化。

(4) 有利于缩短管理和生产周期，减少库存量。

(5) 减少和消除设备故障，提高生产效率。

(6) 延长设备等的使用寿命，降低生产成本。

(7) 由于实施了可视化管理，现场整洁有序，可以提高工作效率，降低作业的差错率。

总之，开展自主管理活动能够直接或间接地改善企业整体的经营水平是不争的事实。

六、自主管理活动导入的步骤

(一) 自主管理活动导入步骤

自主管理是一个上台阶活动，通常有五步法和七步法两种导入方法。通过表2-1，可以看出它们之间并没有本质区别，只是定义的标准有所不同而已。

表2-1 五步法和七步法比较

<table>
<tr><th>五步法</th><th>七步法</th></tr>
<tr><td>0 阶段：5S 管理活动</td><td>0 阶段：5S 管理活动</td></tr>
<tr><td>1 阶段：初期清扫与微缺陷治理</td><td>1 阶段：初期清扫与微缺陷治理</td></tr>
<tr><td>2 阶段：“两源” 改善对策</td><td>2 阶段：“两源” 改善对策</td></tr>
<tr><td rowspan="2">3 阶段：点检与作业标准拟定</td><td>3 阶段：自主保全点检标准拟定</td></tr>
<tr><td>4 阶段：分科目培训</td></tr>
</table>

续表

<table>
<tr><th>五步法</th><th>七步法</th></tr>
<tr><td rowspan="2">4 阶段：点检与作业效率化</td><td>5 阶段：点检标准整合与完善</td></tr>
<tr><td>6 阶段：点检标准化与效率化改善</td></tr>
<tr><td>5 阶段：自主管理体制的建立</td><td>7 阶段：自主管理体制的建立</td></tr>
</table>

理光公司在日本的某工厂自二十多年前开始推进自主管理活动至今，已经进展到自主管理第二十多个阶段了。在完成了五步或七步这些基本的导入步骤之后，他们根据公司经营目标要求和企业内外经营环境变化，每年或每半年定义一个特定的自主管理活动主题和目标，然后要求和动员公司有关部门员工开展自主改善活动。

为了让读者对自主管理上台阶活动有一个较清晰的认识，本书只对五步法进行说明。

（二）自主管理如何走向高水平

自主管理活动的导入包含五个部分内容，这五个部分内容也是开展自主管理活动的五个步骤。各个步骤的活动要点如表 2 – 2 所示。

表 2 – 2　自主管理活动五步骤的活动要点

自主管理活动五步骤	活动要点
0 阶段： 5S 管理活动	（1）整理、整顿、清扫、清洁、素养 （2）验收合格后进入自主管理活动
1 阶段： 初期清扫与微缺陷治理	（1）全覆盖识别各类微缺陷 （2）微缺陷治理，修复与复原 （3）向前看问题点的识别与对策 （4）阶段诊断活动实施
2 阶段： “两源”改善对策	（1）识别所有困难源、污染源 （2）两源对策实施 （3）向前看问题点的识别 （4）阶段诊断活动实施

续表

自主管理活动五步骤	活动要点
3 阶段： 点检与作业标准拟定	（1）识别所有的点检与作业项目点 （2）拟定相应的点检与作业标准 （3）向前看问题点的识别与对策 （4）阶段诊断活动实施
4 阶段： 点检与作业效率化	（1）识别需可视化、效率化项目点 （2）进行可视化、效率化改善 （3）向前看问题点的识别与对策 （4）阶段诊断活动实施
5 阶段： 自主管理体制建立	（1）识别自主管理活动需标准化项目 （2）制定自主管理活动标准 （3）向前看问题点的识别与对策 （4）阶段诊断活动实施

自主管理活动就是按以上五个步骤循序渐进导入的，本章将分别介绍这五个步骤的内容及具体推进的办法。

❷ 自主管理导入活动如何进行

自主管理导入活动主要包含五个部分内容，这五个部分也就是导入自主管理活动的五个步骤。在进入自主管理的初期清扫活动之前，必须开展以5S管理为中心的条件整备活动，即通过整理、整顿、清扫、清洁、素养等管理活动，改变现场面貌，革新员工意识。可见，现场面貌的变化及员工意识的革新是进入初期清扫的第一步，正因为此，有时候我们又将5S活动看成是“自主管理”的“0阶段”。

5S活动的主要内容如下：

整理：就是将工作场所中的物品区分为必要的与不必要的，将不必要的物品撤掉或废弃掉，从而腾出空间，保持工作场所的宽敞整洁。

整顿：就是合理安排物品的放置方法、位置，设置必要的标识，以便在必要的时候能快捷地找到并取出必要的物品，提高工作效率。

清扫：即清除灰尘、脏污，保持环境和设备的干净、清洁。

清洁：是指将前面三个S的工作规范化、制度化，目的是使整理、整顿、清扫的工作能长期有效地开展。

素养：就是要求员工遵守规章制度，掌握正确的作业方法，养成良好的工作和生活习惯。

需要注意的是，要在整备阶段从根本上提升员工的素养是不可能的，所以TPM自主管理“0阶段”的5S活动，关注的焦点在于前面的四个“S”。千万不要误以为，员工素养不高，就不可以开展TPM活动了。关于

5S 活动的详细信息可以参考别的书籍，本书不作具体介绍。

一、初期清扫与微缺陷治理

无法想象连生产现场的环境和设备都不能保持整洁的企业会有多高的设备管理水平。因此，初期清扫工作是开展自主管理活动的第一步。

这里所讲的初期清扫，是指在 5S 基础上进行的微缺陷发掘与复原改善，并非从字面上理解的“清扫”或者“扫除”的意思。初期清扫活动本身也是设备维护保养的重要内容，它对培养员工自己的设备自己维护的意识非常重要。

初期清扫阶段的基本改善步骤如下：

（1）微缺陷的识别和记录；

（2）回头看（5S）问题点的识别和记录；

（3）解决问题的计划和目标制定；

（4）对策的检讨和任务的分配；

（5）对策的实施与改善成果的记录、总结；

（6）阶段活动诊断实施。

（一）识别各类微缺陷，开展初期清扫活动

树立“清扫即点检，点检即保养”的正确观念和主动意识。让清扫工作变得更有价值，更有意义。

初期清扫活动从以下 8 个方面（如表 2 – 3 所示）出发，识别生产现场存在的一切不合理问题点，并将发现的不合理问题记录在指定的“不合理问题点记录表”（如表 2 – 4 所示）表格中。

表2－3　自主管理活动查找问题的八大着眼点

No.	区分	定义	重点内容	问题或不合理举例
1	整理	区分必要与不必要，不必要的处理掉	确定基准，物品分类	（1）无法判断物品的种类及数量 （2）过期品、过量品、废品，缩小、剪短、不必要动作行为、多余的程序
2	整顿	防止必要品过剩或不足，方便存取	定点、定位、定量、标识、方法	（1）没有明确标识品名，没有指定明确的位置 （2）最大、最小量，订货点，在库量未标识 （3）人、机、物状态不能做到一目了然。
3	基本条件	清扫、点检（拧紧）、润滑、更换等基本事项	清扫、点检、润滑、更换	（1）油量不足、油污染、油种不明、油种不当、漏油、油嘴污染、油桶污染破损、保管不良 （2）污染、破损、泄漏、水平标识不清
4	微缺陷	目前影响不大，日后会扩大的小缺点	脏污、疵点、振荡、松动、异常、黏着	（1）残渣、生锈、涂料；破损、弯曲、变形、晃动、脱离、倾斜、磨损、腐蚀、堵塞、脱落 （2）异常音、发热、振动、变色、异味
5	发生源	故障、不良品、灾害、污染发生的部位	产品、原料、油类、气体、液体	（1）润滑油、燃料油等的泄漏、流淌、溢流 （2）空气、蒸汽和其他气体的排气及泄漏 （3）水、半成品、冷却水、废水等液体泄露
6	困难源	妨碍人行动的部位	清扫、检查、加油、锁紧、操作、调整	（1）机器罩子、槽子、器械位置等不合理 （2）给油孔、废油口、阀门、开关、手柄、压力表、温度表、油量表、水分表等位置不合理
7	安全隐患点	对人产生危害或有潜在危害的部位	防护、照明、旋转物、升降物、移载机	（1）凹凸、破损、倾斜、扭曲、脱落、腐蚀 （2）亮度不够、位置不好、罩子破损；保护罩脱落、紧急刹车；升降机刹车失效等 （3）溶剂、有毒气体、危险标识、保护具失效等
8	其他	……	……	（1）业务复杂、麻烦，程序复杂，顾客不满意、顾客不方便等 （2）存货多、叉车等待、作业停滞、物流不畅

表 2-4 不合理问题点记录表

不合理问题点发现清单

小组名：　　　　　　　　　　　　　　　　　　　　日期：

编号	工序	设备名	不合理现象	缺陷区分	发现日期	发现人	改善对策	实施人	解决		解决时间		验收人	备注
									自己	支援	计划	完成		
01	研磨	A001	材料漏料	F	0306	张三	漏料口封堵	李四		○	0312	0312	赵五	

缺陷分区：A 整理、B 整顿、C 微小缺陷、D 清扫/注油/紧固、E 困难部位、F 发生源、G 不安全部位、H 其他

（二）对发现的问题点进行修理和复原

针对发现的各种各样不合理问题点，要有计划、有组织地安排员工参与到复原改善活动中来，不仅要求他们对不合理问题点进行复原改善，更重要的是让员工去思考，如何防止这些不合理问题再发生，并提出预防改善的措施或改善思路。

对于自己有能力实施的改善点，尽量自主去实施改善活动。对于那些实在有困难的改善点，就要由管理者出面委托兄弟单位或主管单位来进行修复、改善或复原。

此外，我们也要对机械设备的表面、厂房的墙面、工场的地面实施修复。涂刷油漆是一项十分必要而且快速见效的改善手段。因为通过“油漆作战”活动，可以彻底改变设备及工作场所的“原始”状态，会给人耳目一新、为之一振的感觉。同时也会让参与改善的员工产生“做”享其成的自豪感与满足感，带动更多的员工参与到改善中来。

二、“两源”改善对策

所谓的“两源”就是指发生源和困难源。

发生源通常是指对环境和设备造成污染的污染物及污染物的出处，包括液体、粉尘、刺激性气体、噪音、振动、热风等的产生场所，或者导致问题产生的直接原因。

困难源是指由于受场所位置过高、需很多工时、需他人协助、需较大投资或一时还找不到合适办法等客观原因所限，在初期清扫阶段的工作中较难对应的场所或还没有解决的难题。

除了按照以上定义进行识别之外，还有一个更简便的识别办法，就是把“初期清扫”阶段遗留下来的问题进行梳理和确认，最后做成两源问题登记表进行管理。

解决两源问题的基本改善步骤如下：

（1）两源问题点识别和记录；

（2）回头看（0～1阶段）问题点的识别和记录；

（3）解决问题的计划和目标制定；

（4）对策的检讨和任务的分配；

（5）对策的实施与改善成果的记录、总结；

（6）阶段活动诊断实施。

本步骤工作要求充分发挥员工的创造性，积极投入到改善活动中。通过分析问题产生的原因，采取合理的改善对策，清除发生源或最大限度减少发生量，保持环境和设备的整洁。同时需要发扬团队精神，协力克服困难，使清扫作业简易化，提高作业效率，节省作业时间。

第一步骤和本步骤的工作都是以清扫为中心开展的，但保持环境和设备的整洁不是这两步骤工作的唯一目的。通过对设备的清扫，可以更好地使设备的问题和设备表面的不良现象显现化，及时处理这些问题和不良现象对保持设备良好的运行状况是非常重要的。因此，这两个步骤是自主管理活动中不可缺少的重要内容。

关于“两源”的改善，为了统一思想，方便分析问题和解决问题，我们也设计了让员工按照固有模式去改善的“套路”（如表2－5所示）。

表2－5　困难点分析表

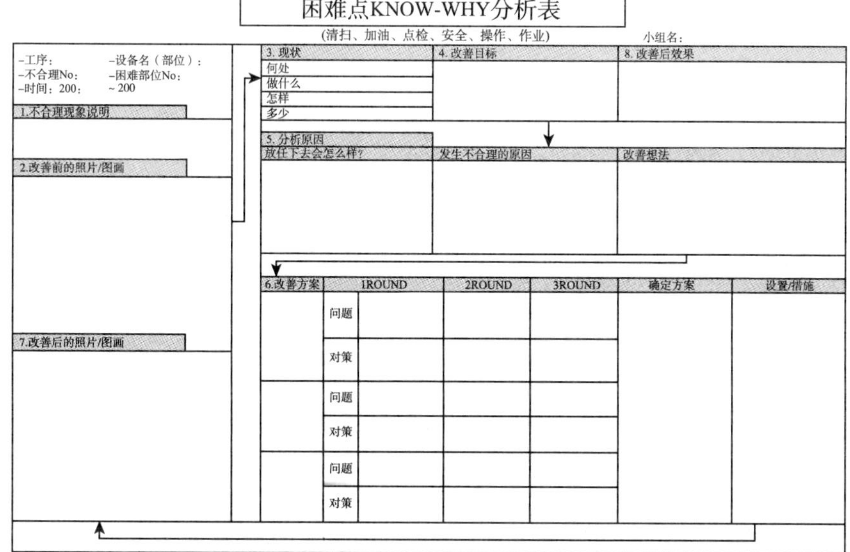

困难点KNOW-WHY分析表

（清扫、加油、点检、安全、操作、作业）　　小组名：

-工序：　-设备名（部位）：
-不合理No：　-困难部位No：
-时间：200；　~200

1.不合理现象说明

2.改善前的照片/图画

7.改善后的照片/图画

3.现状：何处／做什么／怎样／多少

4.改善目标

8.改善后效果

5.分析原因

放任下去会怎么样?	发生不合理的原因	改善想法

6.改善方案		1ROUND	2ROUND	3ROUND	确定方案	设置/措施
	问题					
	对策					
	问题					
	对策					
	问题					
	对策					

三、点检标准拟定

在本阶段开展清扫、润滑和点检作业的标准拟定活动，主要目的是在目标时间内完成清扫、润滑和点检活动，固化前期的改善成果。所谓点检就是指对设备的运行状态进行日常和周期性的检查确认，及对设备进行日常和周期性的性能维护。例如：电机运行状态的确认、振动部位的螺丝紧固情况确认、传动皮带的松紧度及皮带的磨损状况确认、润滑油的定期更换等，都是设备全面点检的必要内容。

点检时还要求对设备的状况及运行参数进行尽可能全面地检查和测试，并保证维护工作的及时进行。

要拟定点检标准，首先要识别和确定点检项目和实施点检的频率，也就是要通过对设备原理、构造、机能的培训、学习和理解，及对设备以往故障情况和品质情况的分析，归纳出设备需要进行点检的项目，再形成文件，用来指导操作者对设备进行正确地点检工作。点检项目的确定可由操作者自主完成，也可在设备技术人员的指导下完成。

点检标准拟定阶段的基本改善步骤如下：

（1）需拟定点检标准的部位识别和记录；

（2）回头看（0～2阶段）问题点的识别和记录；

（3）解决问题的计划和目标制定；

（4）对策的检讨和任务的分配；

（5）对策的实施与改善成果的记录、总结；

（6）阶段活动诊断实施。

此步骤是自主管理活动的关键步骤。目的之一是通过对设备进行全面的点检，使之成为满足生产要求的可靠设备，以追求设备零故障为目标，达到设备的极限效率。本步骤工作的另一个重要目的是培养操作者，通过对设备原理、构造、机能的学习，通过点检工作的反复进行，使操作者不仅具有对设备进行点检、维护的能力，而且能及时察觉设备的某些怪异现象，提高操作者早期发现设备潜在故障和潜在事故隐患的能力。

四、点检工作效率化改善

上一步骤强调的是尽可能全面地对设备进行点检，本步骤则是在对设备进行全面点检的基础上追求点检工作的效率化。

随着点检工作的进行，点检经验的积累，技术水平的提高，维修备用品与维修工具、条件的改善，需要对点检项目进行优化，以实现自主管理水平的提高和点检作业的效率化。本步骤工作的开展需要特别注意发挥员工的改善意识。目视管理活动和点检通道的设置是提高点检工作效率的有效手段之一。主要改善步骤如下：

（1）效率化、可视化项目的识别和记录；

（2）回头看（0～3 阶段）问题点的识别和记录；

（3）解决问题的计划和目标制定；

（4）对策的检讨和任务的分配；

（5）对策的实施与改善成果的记录、总结；

（6）阶段活动诊断实施。

可视化管理通常又称为目视化管理，在自主管理活动中，它的任务是通过员工的改善活动将设备点检项目显现化，即，使不易观察的项目变得容易观察，不易实施的项目变得容易实施。

为了提高点检效率，设置点检绿色通道是一个很好的做法。具体是指在设备较集中的场所标示出点检者进行一次点检作业所要移动的路径，和沿路径各站点所要实施的点检项目。

五、自主管理体制建立

自主管理体制的建立是为了在前四个步骤取得成果的基础上，力求使整个活动成为一个有机的整体，巩固取得的成果，并持续提高自主管理水平。

要保证自主管理活动持续有效地开展，必须建立一套可持续推进的管理体系，这套管理体系建立的步骤如下：

（1）自主管理活动推进的标准识别和记录；

（2）回头看（0～4阶段）问题点的识别和记录；

（3）解决问题的计划和目标制定；

（4）对策的检讨和任务的分配；

（5）对策的实施与改善成果的记录、总结；

（6）阶段活动诊断实施。

自主管理标准化完成之后，就可以持续开展后续（第六、第七……）阶段的改善活动，最终达到自主管理的目的。

自主管理导入阶段的五个步骤也不是一成不变的。针对一些非装置型（如以装配为主的）而且硬件条件较好的工厂，在开展这项活动时，可以按照以下三步进一步简化活动步骤，以便更好、更快地取得期望的成果。

第一步：初期清扫（微缺陷发掘与复原改善）。

第二步：点检与效率化（点检与可视化管理）。

第三步：自主管理体制建立（改善与诊断活动标准化）。

六、活动导入五个步骤之间的关系

如前所述，五个步骤分别有其固有的活动内容与侧重点，看上去是相互独立的，但事实上自主管理本来就是一个整体，人为地定义成五个步骤，目的是为了便于对活动进行阶段性的评价，并能够让员工及时体会到成就感。具体来讲，五个步骤之间具有以下的相关关系：

（一）前一阶段活动的成功为后一阶段打下基础

在导入自主管理活动的过程中，判定某一阶段活动是否合格，最重要的依据是活动计划和任务是否完成80%以上。就是说，当一个阶段的任务没有完成80%以上，是不可以进入下一阶段的。这样要求的出发点是，前一阶段的工作是为下一阶段工作打基础，没有好的基础，后面的工作就将成为空中楼阁。

（二）后一阶段活动是对前面阶段活动的覆盖

每一个阶段的活动内容，都必须覆盖前面各阶段的内容。比如，在发生源和困难源治理的第二阶段，除了解决发生源和困难源之外，还要对第一阶段遗留的或后来新产生的微缺陷进行修理、修复。比如，在构筑自主管理体制的第五阶段，除了解决自主管理标准化问题之外，还应该对前面四个阶段的各类问题进行改善。

只有这样才能够真正体现持续改善、稳步提升的思想，才能够保证前期的问题不会反弹、不良习惯不会回潮。

七、自主管理导入活动完成后怎么办

完成了以上五个步骤的导入工作之后，自主管理活动就结束了吗？当然不是。正确的认识是，自主管理活动导入工作的完成只是为持续的自主管理活动打造平台，建立一个好的活动机制，让班组长学会开展自主管理活动的方法。因此，改善活动组织者有必要按照PDCA循环的原理及前期制定的标准持续开展上台阶活动。每一个阶段必须确立一个改善主题，并围绕主题展开活动，活动内容大致可以规划如下：

（1）本阶段活动主题和目标的确立；

（2）识别和记录与主题相关的问题点；

（3）回头看问题点的识别和记录；

（4）解决问题的计划和目标制定；

（5）对策的检讨和任务的分配；

（6）对策的实施与改善成果的记录、总结；

（7）阶段活动诊断实施。

如此循环往复下去，自主管理水平就能得到持续提升，现场班组管理能力也就能够得到大幅度提高。

❸ 导入自主管理活动的准备

一、推进组织的建立

推进自主管理活动应建立厂级的推进组织，以指导各部门活动的开展，把握活动推进的进度，判定各部门活动开展的有效性。

该推进组织直接向最高管理者负责，得到最高管理者的授权，对指导各部门的自主管理活动具有权威性。另外，自主管理活动的开展需要得到各部门的配合和积极参与，需要得到各部门负责人的理解和支持，离开了这一点，活动是不能得到有效的开展及取得良好效果的。因此，为了保证推进组织具有足够的号召力和权威性，推进组织通常可以由下列人员组成：

（1）对自主管理活动有深刻认识的员工；

（2）设备管理方面的专业人员；

（3）各相关部门的负责人，他们可以以专职或兼职的形式参加推进组织的工作。

二、自主管理基础知识的教育

如上所述，自主管理就是要发动广大员工积极响应，自主维护自己的工作场所和使用的设备。为此，首先要解决两个问题，一个是认识问题

（为什么要自己去做），另一个是方法问题（如何去做）。

要解决好这两个问题，唯有对员工进行具体的教育和培训。通过教育，使员工明白什么是自主管理，为什么要开展自主管理活动，及自己在活动中的职责和自己工作的偏离将给活动的有效开展造成怎样的影响。员工只有明白了开展自主管理活动的意义，才能产生激情投入到自主管理活动中去。自主管理活动的宗旨是自己维护所使用的设备，自主管理活动开展的目的是将操作者的积极性调动起来，投入到设备管理的工作中。

现场员工是活动开展的主体，认为现场员工只需要按要求去做，而不需要理解为什么要那样做的想法是错误的。

教育员工如何进行自主管理是一个长期的任务，我们不能期望几次教育就能达到期待的效果，要结合现场事例，在工作中手把手地辅导，让员工逐步掌握自主管理的技能，并体会现场改善的成就感。

一般来说，这个阶段的培训内容有：

（1）5S 活动基础；

（2）自主管理活动概要和推进方法；

（3）可视化管理活动的概要和实施要领；

（4）现场诊断运营方法教育等。

培训可以采用多种形式，以企业内授课方式、现场讲解为主，必要时可以外派学习。

三、活动方针的制定

为了有效推进这项活动，企业向员工展示一种积极向上的活动方针特别重要。

各部门应根据本部门的工作性质和特点制定部门的活动方针，方针中应对本部门开展自主管理活动所追求的目标和达到怎样的水平做出承诺，它同时也是活动中将怎样采取行动的指针。

活动方针可繁可简，它可以是一句鼓舞人心的口号，也可以是一段文字说明，但要力求简练达意。

活动方针制定以后，还必须为企业或部门全体员工所熟知，通过各种形式进行宣传和展示，使全员真正明白开展自主管理活动的目的和追求的目标，以统一意志和激发员工的参与热情。

活动方针还应该体现企业改善文化和现场管理的特点，以便被广大员工所接受。

例如，有这样一些活动方针可供参考：

（1）文明进取的员工，完好整洁的设备，温馨明快的工厂。

（2）一尘不染的设备，整洁优美的工厂。

（3）创建世界上最整洁，最安全的工厂。

（4）一流的员工，一流的管理，一流的工厂。

……

四、导入过程中的几个重点工作

为了有效推进自主管理活动，需要做好以下几个方面的工作。

（一）管理的制度化

自主管理活动的导入过程就是自主管理体制逐步建立的过程，因此，一开始就应重视有关自主管理活动文件标准的制定，以明确活动的内容，规范活动的程序，从而使活动最终形成一种制度，以便活动能长期持续地开展。

虽然自主管理活动的第五个步骤叫“自主管理体制建立”，但这一步骤的工作更多地体现在对前四个步骤的工作方法、工作标准进行综合和优化上，而不是意味着在前四个步骤时可以暂不考虑制度化工作。当然，开展自主管理活动强调自主管理水平的持续提高，制度也需要在整个过程中逐步得以完善。

（二）活动成果的总结和展示

在开展自主管理活动的过程中，对活动的成果进行总结和展示也很有必要，这样做的好处是显而易见的。要做好这项工作，从一开始就要养成一个好的工作习惯，即在改善措施实施之前要对现状进行认真的调查和记录。记录的方法很多，既可以是数值、文字报告，也可以是图像、照片等。

作为改善活动成果的展示，要特别做好改善前后的对比，这样做的好处是：

（1）能增强员工参与过程中的成就感，激发员工参与的积极性。

（2）促进公司内改善成果的交流、借鉴、推广，全面提升改善活动的水平。

（3）增强公司上层对改善活动的认同和信心，保证公司能为改善活动的持续推进提供必要的资源。

（4）改善成果总结的过程也是一个很好的学习过程，员工的能力会因此得到提高。

（5）有利于企业改善革新文化的形成和发展。

（三）活动的自主实施

开展自主管理活动，要特别强调使责任落实到个人或小组，并由操作者自主实施改善，以体现自主管理活动的宗旨，即“自己的设备自己维护”、“我的地盘我做主”。

在活动开展之初，我们经常会听到这样的抱怨或指责：我们××工作推进不到位是因为某某部门配合不好造成的。例如：

（1）我部门地面不干净，是因为后勤部门不合作。

（2）我部门某设备防护罩没有制作完成，是因为采购部门没有按时采购到需要的物品。

（3）我部门员工参与积极性不高，是因为公司工资制度、激励机制有缺陷

……

当一个部门负责人还在为自己的落后找理由的时候，我们认为部门负责人的自主管理意识还没有形成，自然地，员工的自主参与也就无从谈起。

这个时候，需要引导管理者和员工打破现有观念，真正理解自主实施的重要性并体现在自己的行动上。

④ 初期清扫与微缺陷治理活动的推进

自主管理活动的推进是一个循序渐进的过程，以下就是推进这项活动的一些具体办法。

一、识别初期清扫实施的对象，制订活动计划

当我们进入一个工厂，如果关注周围的环境、设备、员工等，我们经常可以看到以下一些不良现象：

（1）设备表面及周围环境布满灰尘、油污及加工废料；

（2）设备表面油漆剥落、锈蚀；

（3）设备内部脏污；

（4）设备表面及周围墙壁随意张贴；

（5）原材料、工具等随意摆放；

（6）通道不明确或随意被占用；

（7）电源线及管道随意连接或在地面上爬行；

（8）资料和文件必要的与不必要的都堆放在一起，查找困难；

（9）员工懒散、仪容不整，无谓走动或三五成群。

……

面对这些问题，管理者的态度或者见怪不怪，视而不见；或者无所作为，听之任之。可以肯定的是，如果不设法根除这些问题，那么问题会越

积越多，企业管理水平每况愈下，终究会危及企业的生存。

解决这些问题的办法就是5S活动，在自主管理活动中叫作初期清扫。推进5S活动就是要按整理、整顿、清扫、清洁、素养的要求对现场的不良现象加以改善，并最终确立有效的制度，让员工形成良好的习惯。

管理专家认为，5S是工厂（企业）现场管理的基础，其最主要目的是创造一个干净整洁、富有条理的工作环境，以降低资源浪费、提高工作效率、提升员工士气。

二、集中消除微缺陷

在5S达到一定水平，经过推进部门认可后，就可以着手开始消除现场和设备微缺陷的攻坚行动了。在这个过程中，教育员工识别场所、设备等方面大量存在的微缺陷，引导员工自己动手消除微缺陷是非常重要的。

根据笔者多年的辅导经验，绝大多数（80%以上）微缺陷都可以在短期内得到有效的治理。当然，消除微缺陷的办法有很多，比如紧固、加油、调整、修理、修复等。消除微缺陷活动，重在促进员工的全员参与和自主改善。

三、有效的推进办法：问题票活动

“问题票”活动是成功推进初期清扫活动或5S活动最有效的办法之一。为了让读者具体了解和学会运用这个方法，现将这项活动介绍如下。

“问题票”活动就是发动大家一起找问题，并由相关部门对问题采取对策的活动。活动的推进方法共分为以下六个环节：

（1）活动的准备；

（2）教育和动员；

（3）贴“问题票”；

（4）问题票登录管理；

（5）解决问题后揭问题票；

（一）活动的准备

公司活动推进部门可以印制如表2－6所示的“问题票”，大小约相当于一张扑克牌，“问题票”上的项目有区域或设备名、日期、管理编号、发行人、问题描述等内容。为了使问题票更加醒目及有更强的提示作用，通常建议采用红色的纸张来印制问题票。

表2－6　问题票样本

问题票

管理编号：　　　　　　　　　　　　　　　　发行人：

区域或设备名		发行日期	
问题点描述（事实情况）：			
对策（改善）结果记录：			
改善人		验收人	
验收结果：合格　　　　不合格			
注：改善完毕后请将问题票返发行人请其确认结果			

（二）教育和动员

教育的目的主要是让员工认识推动这项活动的意义和方法（活动流程说明）。

由于人性的弱点，自己部门被指出问题难免会造成不必要的心理负担。因此，让员工用积极开放的心态去接受大家提出的问题也是教育的主要目的之一。

同时，还要制定对员工改善的成果实施奖励的有关措施。

（三）贴“问题票”

活动推进部门召集各部门负责人或主要活动成员深入各个管理部门和管理现场，找问题点，贴“问题票”。一旦发现某个地方存在需要加以改善的问题，就填写一张“问题票”贴在问题发生处。

（四）问题点的登录管理

所属部门及时做好记录工作，并制成部门的问题点清单（如表2－7所示），以便部门长进行跟踪管理，督促相关人员进行及时的对策活动。

表2－7 问题点管理清单

部门：＿＿＿＿＿＿　　每月问题票准时完成率：＿＿＿＿＿＿

评价栏：◎准时完成且符合要求　○未准时完成，但改善结果符合要求　△准时完成，改善结果部分符合要求　X未准时完成且改善结果不符合要求

编号	问题内容简要	发行日	完成日	实绩	确认者	评价栏	是否将改善水平推广	备注栏

（五）解决问题或整改后，揭问题票

区域或设备管理的责任人发现问题票后，原则上应立即就问题票所描述的问题进行整改，并要求在规定的时限内完成。

对已解决的问题，可以从现场揭下问题票，并在问题清单上进行记录。及时统计出问题的整改完成情况，有效督促各部门的改善工作。

某位有心的管理者还把揭下来的问题票长期保存，封装在一个精致的容器内，外面赫然写着“我们的财富”。

四、阶段活动成果总结与诊断实施

只要跟进得力，经过一段时间的整改之后，估计90%甚至更多的问题都能得到有效解决，此时可以进行活动成果总结，并申请实时诊断验收。一些剩余的难点问题可以留待下一阶段进行研究解决。

（一）阶段改善活动成果总结

对本阶段的活动内容、活动成果进行全面总结，准备接受诊断，并作为改善成果进行交流和展示。

改善活动的总结通常应包括如下内容：

（1）改善小组的组织架构；

（2）小组的名称、口号及释义；

（3）本阶段的改善目标与行动计划；

（4）重点活动内容要点说明；

（5）本阶段优秀的改善案例展示；

（6）本阶段总体改善成果总结；

（7）反省和后续打算（对活动过程的体会、反省及其他可以值得借鉴的经验）。

为了使成果的总结更直观可信，通常要求对优秀改善点必须以改善前后对照的形式展现出来。总结报告完成之后，将报告与申请一起提交给推行委员会，等待有关人员根据标准实施现场诊断活动。

（二）现场诊断验收活动的实施办法

为了保证现场诊断验收活动能够有序正常地持续下去，在诊断之前就必须建立一套完整的《诊断验收实施细则》来规范诊断验收活动。有关诊断验收活动的流程及细节要求，在本章后面部分进行详细说明。

5 针对“发生源”和“困难源”的改善对策

如前所述，初期清扫或者问题票活动推进一段时间以后，绝大多数问题都能得到有效的解决，但是还有少量的困难源、慢性问题及发生源一时得不到解决。针对这些困难源、慢性问题及发生源，我们有必要进行有计划的对策活动。

一、登记发生源和困难源，制作改善计划

上一阶段活动结束后，还有一些难点问题或者某些慢性问题（发生源和一些不易解决的困难源等）尚未解决。仔细分析这些问题，可以看出解决不了的原因主要是一些客观原因。比如说，需要投入较多的资金但又没有预算，一时还找不到好的对策办法，或者对策（技术）能力不足等。这类问题是本阶段活动的改善重点。

（一）什么是发生源和困难源

发生源通常是指问题发生的根源或根本原因。发生源包括污染、不良灾害等，在这里重点指污染发生的直接和根源部位，如产品或原料的泄漏、飞散、漏油、渗水、漏气等。

困难部位是指阻碍人行动的原因或部位。人的行动包括清扫、点检、注油、紧固、操作、调整等，如电机外壳的散热槽，清扫起来非常困难，设备顶部的仪表因为比较高而看不到、点检起来很困难，设备固定罩妨碍

了注油等。

（二）“两源”登记管理

要解决发生源和困难源，就要对发生源与困难源的位置、产生的原因进行调查分析，并进行书面整理统计。这样做的目的是明确各种发生源和困难源的位置和数量，掌握问题的规模，寻找合适的解决办法。

表2－8、表2－9是分别用来登记困难源和发生源问题的表格。

表2－8　困难源问题登记表

序号	车间	困难处	描述	改善措施	预计费用	改善担当	预完成日	完成担当	领导印	推行办印
例1	2车间车工班	35#设备	1）底座后端螺孔处漏油 2）设备的动力电源线破损							

表2－9　发生源问题登记表

序号	发生部位	不合理内容（详细记录）	发生量	发生原因	对策内容	责任		改善负责人	改善时间		实施后发生量	效果判定
						自主	委托		计划	完成		

续表

序号	发生部位	不合理内容（详细记录）	发生量	发生原因	对策内容	责任		改善负责人	改善时间		实施后发生量	效果判定
						自主	委托		计划	完成		

二、对问题进行对策改善

（一）培养改善的意愿

从第二阶段开始会有一个重要课题，即如何维持前阶段的活动成果？对于第二阶段，就是怎样维持第一阶段清扫的成果。一般来说，清扫越努力就越不想把清扫干净的设备再弄脏，对污染的发生源也会更加注意，很自然就会考虑如何才能杜绝发生源。在这个阶段里，作为管理者要考虑怎样快速支援和提供改善场地，直接上级尤其是基层干部要根据生产线员工的能力，对产品加工原理、设备机能、改善着眼点、工作方法等作好指导，特别要重视在改善过程中，中层干部应该经常到现场进行鼓励，以增加信心，提高员工参与改善的意愿和积极性。

（二）考虑切断发生源

发生源没有解决的话，必然增加困难部位解决的难度。比如油污发生源没有解决对策，油污到处扩散，流入缝隙的话，清扫就相当困难，这个时候无论怎么改善困难部位，都将事倍功半或无济于事。

发生源解决对策主要有两条途径：一是消除发生源，二是隔离发生源。彻底消除发生源是应该首先考虑的，这是最好的方法。但也会有一些例外，比如设备本身需要的润滑油、冷却水等的泄漏，滑动部的摩擦粉末等发生源，在原理上不可避免，这时一般不能采用去除发生源的方法，而应采用防止扩散的隔离方法，例如通常采取的对策有：

（1）减少发生的绝对量；

（2）切断扩散的途径；

（3）设置收集装置；

（4）利用盖子把其控制在最小范围内；

（5）在最近的位置设置挡板等。

（三）考虑困难部位对策

所谓困难部位的对策，是指把清扫困难、点检困难、点检费时的设备部位，改成容易进行的部位。举例来讲，检查V型皮带时，在防护罩上开个窗口，这样就不必拆掉防护罩的所有螺丝，可以减少检查时间；把混乱的布线捆扎整齐，这样就方便清扫；把设备高处的仪表向下弯曲，这样能使人站在底下就可以一次性进行点检等。

三、问题改善对策的常用工具

为了保障和验证本阶段改善对策的有效性，培养员工从根本上解决问题的良好改善习惯，本阶段要求所有员工学习使用以下两个主要的工具：

（一）刨根分析表

刨根分析表（Know-why分析表）是一种针对现象穷追不舍的原因分析工具，也称Why-Why分析表。一般连续问5次以上“为什么”，直到使原因可以连接到人的具体行动作为结束标志。表2－10就是Know-why分析表的改善实例。

表2－10　发生源Know-why分析表实例

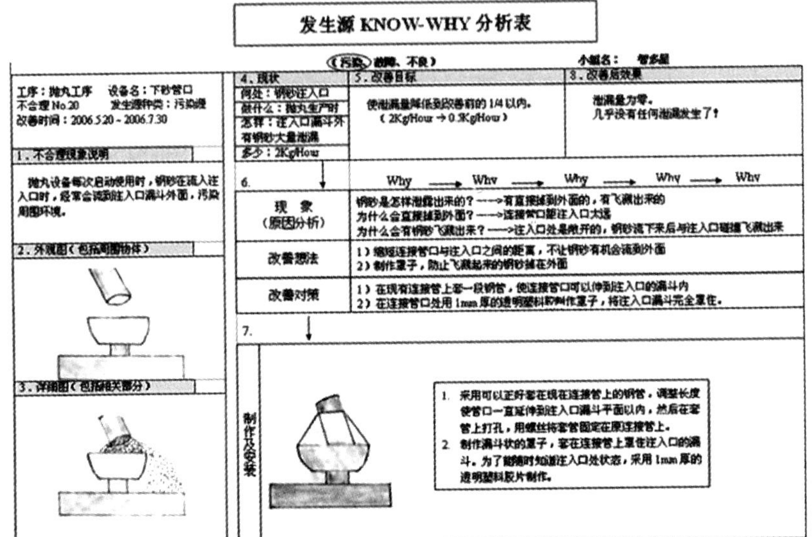

发生源KNOW-WHY分析表

（污染、故障、不良）　　小组名：　智多星

工序：抛丸工序　设备名：下砂管口
不合理No.20　发生源种类：污染源
改善时间：2006.5.20～2006.7.30

1. 不合理现象说明

抛丸设备每次启动使用时，钢砂在流入注入口时，经常会流到注入口漏斗外面，污染周围环境。

2. 外观图（包括周围物体）

3. 详细图（包括相关部分）

4. 现状
何处：钢砂注入口
做什么：抛丸生产时
怎样：注入口漏斗外有钢砂大量泄漏
多少：2Kg/Hour

5. 改善目标
使泄漏量降低到改善前的1/4以内。
（2Kg/Hour → 0.5Kg/Hour）

8. 改善后效果
泄漏量为零。
几乎没有任何泄漏发生了！

6.　Why → Why → Why → Why → Why

现象（原因分析）	钢砂是怎样泄露出来的？——>有直接掉到外面的，有飞溅出来的 为什么会直接掉到外面？——>连接管口距注入口太远 为什么会有钢砂飞溅出来？——>注入口处是敞开的，钢砂流下来后与注入口碰撞飞溅出来
改善想法	1）缩短连接管口与注入口之间的距离，不让钢砂有机会流到外面 2）制作罩子，防止飞溅起来的钢砂掉在外面
改善对策	1）在现有连接管上套一段钢管，使连接管口可以伸到注入口的漏斗内 2）在连接管口处用1mm厚的透明塑料板制作罩子，将注入口漏斗完全罩住。

7.

制作及安装

1. 采用可以正好套在现在连接管上的钢管，调整长度使管口一直延伸到注入口漏斗平面以内，然后在套管上打孔，用螺丝将套管固定在原连接管上。
2. 制作漏斗状的罩子，套在连接管上罩住注入口的漏斗。为了能随时知道注入口处状态，采用1mm厚的透明塑料胶片制作。

（二）循环改善表

循环改善表（Know-why滚动分析表）是一种追求创意不断累积和持续提升的工具，也称Round改善表。世界上几乎没有一次就能改善到位的完美方法，一般都需要一次改善、二次改善甚至多次改善的过程。运用这个表，就是要求员工追求卓越，持续改善。表2－11就是Know-why滚动分析表的样式。

表 2-11　Know-why 滚动分析表样式

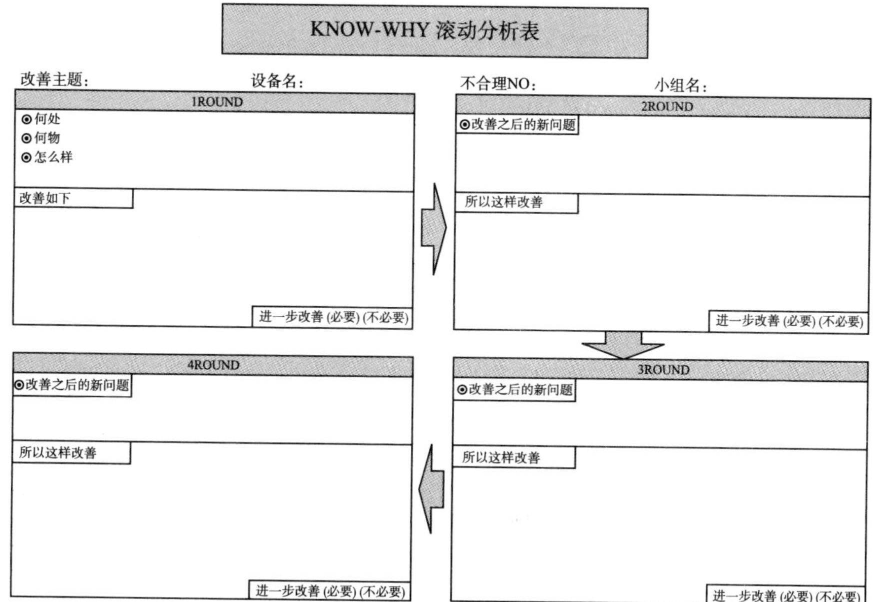

四、阶段改善成果总结与诊断验收实施

对本阶段的活动内容、活动成果进行总结和接受诊断，并作为改善成果进行交流和展示。

⑥

点检或作业标准的推进

总点检就是根据需要对企业的场所、设备、工作等进行全面的确认和检查。总点检不仅包括设备部门，也包括企业业务部门。推进这项活动可以依照以下步骤进行。

一、对操作者的教育

为了使操作者胜任对设备的点检工作，对操作者进行一定的专业技术知识和设备原理、构造、机能的培训是必要的。这项工作可由技术人员担当，并且要尽量采取轻松活泼的方式进行。

可制作教育计划，在计划中明确受教育者、教育担当者、教育的内容和日程安排，以保障教育工作的实施。

二、点检项目的确定

点检就是对机器设备及场所进行定期和不定期的检查、5S、加油、维护等工作。

设备的点检通常可分为开机前点检、运行中点检、周期性点检三种情况。

（1）开机前点检是确认设备是否具备开机的条件。

（2）运行中点检是确认设备运行的状态、参数是否良好。

（3）周期性点检是指停机后定期对设备进行的检查和维护工作。

确定点检项目就是要确定设备在开机前、运行中和停机后，周期性需要检查和维护的具体项目。

点检项目的确定可以根据设备的有关技术资料、设备技术人员的指导和操作人员的经验完成。一开始确定的点检项目可能很烦琐，不是很精炼、准确，这没有关系，以后可以逐渐对其进行简化和优化。

自主管理的点检项目应注意根据技术能力、维修备用品、维修工具等实际情况确定，并且要与专业技术人员进行的专业保全加以区别。在操作者的能力范围内，要做到自主管理的点检项目尽可能完善，保障设备的日常运行安全可靠。

在确定点检项目的同时，要相应地制定每项点检项目的点检方法、判定基准和点检周期，以便点检工作的实施。点检方法、判定基准和点检周期的定义如下：

（1）点检方法是指完成一个点检项目的手段，如目视、电流表测量、温度计测量等。

（2）点检基准是指一个点检项目测量值的允许范围，它是判定一个点检项目是否符合要求的依据，如电机的运行电流范围、液压油油压范围等。判定基准不是很清楚时，可以咨询设备制造商或根据技术人员（专家）的经验值进行假定，以后逐渐提高管理精度。

（3）点检周期是指一个点检项目两次点检作业之间的时间间隔。

三、点检表格的制定与点检的实施

（一）点检表格的制定

点检表格是对设备进行点检作业的原始记录，通常包括以下项目：

（1）点检项目；

（2）点检方法；

（3）点检基准；

（4）点检周期；

（5）点检实施记录；

（6）异常情况记录。

应尽量在现场显眼的位置对点检表进行展示，以便管理者监督或员工自我监督点检作业的实施。

（二）点检的实施

根据点检表的要求，对设备、场所等进行点检。

表2－12、表2－13、表2－14分别是某公司发电机的开机点检表、运行点检表和周期点检表。

表2－12　发电机开机前点检表

No	内容	判断标准	结果确认（正常“○”；不正常“×”）											
			1	2	3	4	5	6	1	2	3	4	5	6
1	燃油油位	绿色范围												
2	负荷开关	关闭状态												
3	速度转换开关	低速状态												
4	机油油位	标定范围内												
5	冷却水位	标定范围内												
6	风扇皮带	无松动损伤												
7	输油管阀门	开启状态												
8	蓄电池	观察孔呈绿色												
9	机身	无杂物												
满足条件后签名、开机														

表2-13 发电机运行中点检表

No	内容	判断标准	结果确认（正常○；不正常×）											
			1	2	3	4	5	6	1	2	3	4	5	6
1	负荷指针指向	绿色范围内												
2	电压指针指向	绿色范围内												
3	转速指针指向	绿色范围内												
4	阻值指针指向	绿色范围内												
5	风扇皮带状态	标定范围内												
6	排气口通畅	出口飘带												
7	机体温度	绿色范围内												
8	有无异常音	有/无												
确认运转正常后，签名														

注：点检部位全部标示在机体上，一目了然。

表2-14 发电机房周期点检表

No	点检内容	点检方法	判断标准	周期	良好○；要维修×							
					1	2	3	4	5	6	7	8
1	机体状态	目视	干净无损伤	次/周								
2	油路和油阀开关	观测试验	灵活无锈蚀	次/周								
3	蓄电池	观测试验	无溢液电量足	次/周								
4	应急照明灯	观测试验	功能正常	次/周								
5	空气过滤器	清洁或更换	干净无损伤	次/月								
6	燃油泵开关柜	观测清洁	电流电压正常	次/周								
7	机油及过滤器	测试或更换	油位油质正常	次/月								
8	皮带松紧度	测试	松紧正常	次/周								
	点检者盖章											
	异常纪录			确认签字								

四、阶段改善成果总结与诊断实施

对本阶段的活动内容、活动成果进行总结和接受诊断，并作为改善成果进行交流和展示。

7 点检和作业效率的推进

提高点检工作效率主要包括两个方面的内容：一个是点检内容的简化和优化；另一个是通过可视化管理提高点检工作的效率和精度。

一、点检内容的简化和优化

随着点检工作的进行，员工的经验会逐渐增长，技术水平会逐渐提高，维修工具和维修备用品的条件也会得到改善。在这种情况下，对点检项目重新进行评估检讨、简化和优化已经成为可能。对点检项目进行优化的目的是促进点检水平和点检作业效率的提高。

对点检项目进行优化的要点如下：

（1）进一步明确自主管理与专业保全的划分；

（2）省略或合并某些点检项目；

（3）调整或延长点检作业的周期；

（4）提高判定基准的精度；

（5）使点检作业更直观、容易。

……

二、“可视化管理”活动的开展

“目视管理”活动是一项能激发员工创造性和感受工作成就感的工作，

对于调动员工参与自主管理活动的积极性是非常重要的。因此，推进部门对“目视管理”活动应给予足够的重视。

（一）目视管理的要点

目视管理是5S活动的最高境界。它是一种通过把事物（设备、材料、品质、工具、文件等）的数量或特性值的管理极限进行可视化描述，以便不借助于工具即可实施有效管理的方法。

目视管理要达成的标准包括三个层面：一是能明白现在（事物）的状态；二是任何人都能判断这种状态的良否曲直；三是清楚地指出状态出现异常时的处置方法。目视管理的应用是十分广泛的，它几乎可以应用在工厂管理的所有方面，如表2－15所示。

表2－15　目视管理手法的应用

应用项目	管理方法
品质管理	分色管理、特性值管理、不良状态识别、品质异常提示
备用品管理	定位管理、数量管理、购买点管理
设备管理	定位管理、状态管理、点检标准管理、异常管理
物料管理	数量及限量管理、购买点管理、异常管理
文件管理	文件摆放、分类、提示、查询
场所管理	场所表示、定位线、揭示物整顿及规范化管理
环境管理	垃圾分色分类管理、环境美化、节能降耗提示
流程管理	重要程序提示、揭示

（二）可视化管理在工厂设备管理中的应用

在自主管理活动中，通常目视管理可以在以下几个方面加以应用：

（1）安全注意事项的明示；

（2）复杂、重要操作步骤的明示；

（3）点检项目位置的标识；

（4）仪表正、仪表异常范围的标识；

(5) 液位正、液位异常范围的标识;

(6) 阀门开闭状态的标识;

(7) 正确流向、正确转动方向的标识;

(8) 不同媒质管道的分色管理;

(9) 维修备品、维修工具的形迹管理。

……

可实施目视管理的项目远不止以上列举的这些,应该说目视管理适用于管理活动的所有方面(设备、工具、品质、场所、库存、文件、流程、安全应急、环境等)。只要充分发挥现场员工的创造性,可视化管理的实施项目和表现手法是非常丰富多彩的。

对“可视化管理”活动中好的改善事例应进行总结,并加以展示(定义成“改善景点”)和推广。下面介绍一些典型的可视化管理改善事例,希望对读者能有所启发。

事例1:压力表、温度计等正常、异常范围的标识

从图2-6中我们很容易看出压力表、温度表等仪表的指示值是否在正常范围内。这样做的好处就是连外行也能判断现在的管理状态是否正常。

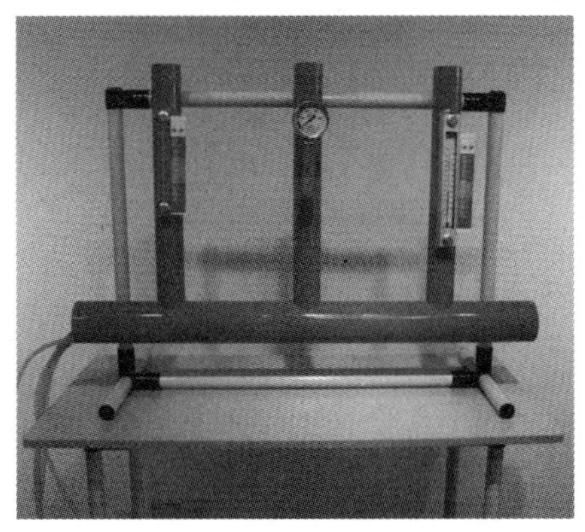

图2-6 仪表指针类可视化管理

事例2：管道的可视化管理

图2－7是可视化管理制作后的照片。有了流向和流质的标识，一旦出了问题，处置效率可以大大提高。

图2－7　管道流质、流向的可视化

事例3：阀门开闭状态的标识

当有许多阀门需要操作时，很难判定各阀门所处的状态是否正确。如图2－8所示，在每个阀门安装一个开闭（刻度）指示牌，就很容易判定每个阀门所处的状态是否正确，避免发生操作上的失误。

另外，当使用楼层（部门）出现问题或异常时，也可以最快的速度进行解决。

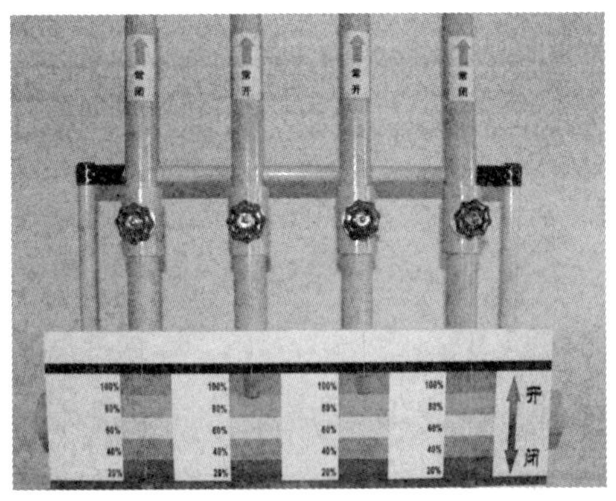

图2－8　阀门开度的可视化管理

事例4：维修工具的形迹管理

如图2-9所示，在摆放的每个工具下面都画上这个工具的形状，工具被取走了就能一目了然，同时使用者取走工具时挂上写有自己姓名的牌子，使工具的去处也一目了然，万一工具丢失也能得到及时的补充。

可以设想一下，如果没有进行这种管理，工具的丢失就有可能影响生产设备的及时修复。

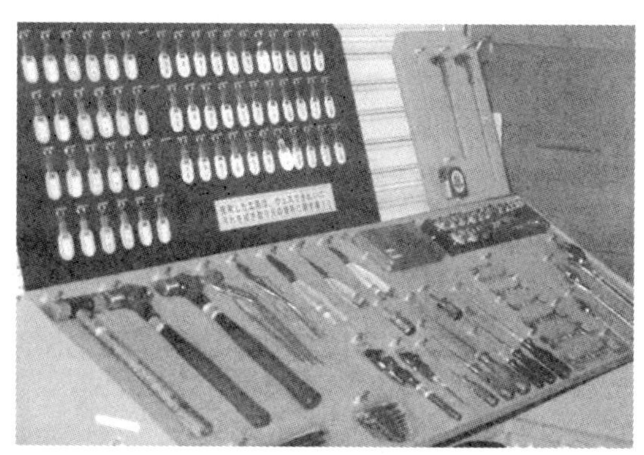

图2-9　工具的形迹定置管理

事例5：文件的可视化管理

可视化管理制作后的文件柜（如图2-10所示），好处不言自明，而且可以给人耳目一新的感觉。

图2-10　文件柜的可视化管理

三、点检通道的设置

在设备较集中的场所应考虑设置点检通道。点检通道的设置可采取在地面画线或设置指路牌的方式，然后再沿点检通道，依据点检作业点的位置设置若干点检作业站（Station）。这样，点检者沿点检通道走一圈，便可以高效地完成一个区域内各个站点设备的点检作业。这样做的好处还在于能有效避免点检工作中的疏忽和遗漏。

点检通道设置的要点：

（1）点检时行进路径最短；

（2）点检项目都能被点检通道中的站点所覆盖；

（3）沿点检通道，点检者很容易找到点检站点内各点检作业点的位置。

图2－11、图2－12为某公司发电机房画上点检通道之后的地面情况。

图2－11　设备点检工作站

前面讲到点检作业分为开机前点检、运行中点检和停机后周期性点检三个方面，设置点检通道应用于这三个方面都是可以的，但应用于开机前

图 2－12　设备点检通道

点检和运行中点检的效果一般比应用于周期性点检中要好。

设置点检通道的方式，应用于开机前点检和运行中点检能很好地避免失误发生，提高点检作业的效率。

四、小创意可视化管理改善

在可视化管理事例中，还有一类属于创意性小改善。这类小改善看上去可能对设备管理和效率提升没有多大益处，但是有利于美化环境，激发员工的工作和改善兴趣。

图 2－13 中案例（a）所示是在一个墙体裸露的管道上用漂亮的绿树加以“包装”的小改善。案例（b）就是通过给墙面上的残缺点贴上一些美化的图像，让墙面变得更漂亮有动感，环境更加美丽。能够如此这般地去美化环境，是员工智慧被发掘出来的具体体现。

(a) 墙壁上的残缺点美化

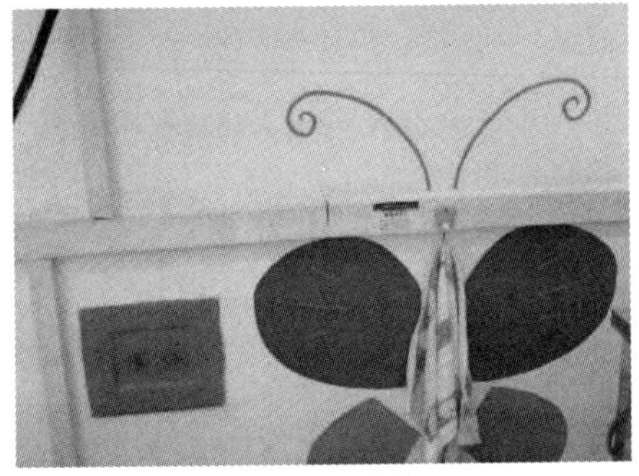

(b) 抹布的美化

图 2－13　创意小改善

五、阶段改善成果总结与诊断实施

对本阶段的活动内容、活动成果进行总结并接受诊断，作为改善成果进行交流和展示。

⑧ 构建自主管理体制

本阶段的工作是为了使自主管理成为一种良好的活动机制，得以长期有效地开展，并保证自主管理活动水平的持续提高。为此，必须建立一套可靠的自主管理体系，这套管理体系本身就是一个 PDCA 循环，它包含以下几个方面的内容：

（1）本阶段活动目标和活动计划；

（2）自主管理体系的标准化构建；

（3）标准运营确认；

（4）申请并接受诊断。

一、活动方针的优化及管理文件的制定

制定活动方针并为员工所熟知，目的是使全员明确开展自主管理活动的目的、追求的目标、要达到的水平，并为具体的活动提供指导。这项工作应在活动开始时就完成。

为保障自主管理活动持续有效地开展，使自主管理活动制度化，必须有完善的管理标准来加以保证，以明确组织机能与职责、工作实施的办法、工作实施情况的监督检查和工作偏离时的纠正对策措施。管理标准可分为厂级和部门（或车间）级来管理，厂级文件由推进部门制定，用以指导和规范全厂范围内自主管理活动的开展，部门级的文件由各部门制定，

用以明确班组及个人的职责和规定工作实施的具体办法。推进部门的管理文件主要包括以下内容：

（1）活动方针、活动目标和活动宣传；

（2）活动组织和职责分工；

（3）各阶段活动内容、活动办法、分析工具；

（4）员工培训与验证；

（5）阶段活动成果总结；

（6）诊断实施办法；

（7）诊断申请与诊断实施；

（8）表彰办法。

把以上内容进行整合优化，做成自主管理活动手册是很不错的做法。然后，根据公司级管理文件，部门也可以根据需要制定相应的管理标准来指导部门自主管理活动。

二、自主管理工作的实施

这是在程序文件的指导下对前四步骤工作的具体实施，包括日常清扫、点检工作，对发生源和困难源的对策，提高点检工作效率的措施等。

三、检查与纠正措施

对自主管理工作的实施是否符合管理标准的要求和计划安排，必须进行定期监督检查，同时应明确工作发生偏离时的纠正措施，以减少由此产生的负面影响。

四、诊断活动的实施

部门在认为自主管理体制得以建立，并能保障活动持续有效开展的情况下可向推进部门提出诊断申请，推进部门对申请部门自主管理体制进行诊断，符合规定要求时给予认证，发给认证证书，并定期进行复审。

诊断的目的：

（1）判定部门自主管理活动是否有效展开；

（2）判定部门自主管理体制是否符合标准要求；

（3）判定部门保全工作水平是否得到持续改善；

（4）对活动的进一步开展提供指导意见。

诊断工作应着重审核自主管理体制是否有效运行，它是通过客观地获得证据并予以评价，以判定自主管理活动是否符合设备管理的要求和有关管理标准的规定，及工作是否得到了正确实施的验证过程。

现场诊断的准备与运营

随着自主管理活动五个阶段工作的持续开展，现场管理水平持续提升，班组长和组员的能力可以得到大幅度提升，后者对一个企业来说，具有更重要的作用。本节重点介绍改善成果的总结与诊断活动的运营管理。

一、自主管理二级诊断概要

一般 TPM 教材要求企业在推进自主保全过程中要实施三级诊断，即部门诊断、专家诊断和领导诊断。根据经验，我们把三级诊断简化为二级诊断，操作简便、效率更高、效果更好，具体的对照管理如图 2－14 所示。

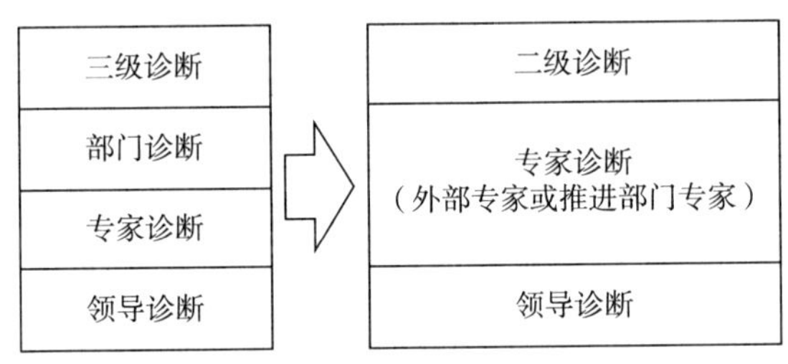

图 2－14　三级诊断简化为二级诊断

实施二级诊断，改善推进部门专家或外部专家需要从一开始就对改善活动的方法和进度等进行必要的培训和辅导。活动部门认为条件成熟，就可以向推进部门专家或外部专家提出一级诊断申请。一级诊断的目的是通过诊断，发现申请部门改善活动中的不足，并督导申请部门在限期内对不足进行纠正和改善。经有关专家认可后，方可向公司提出二级诊断的申请。

二级诊断，说到底就是为了让公司领导检阅活动成果，并创造一个员工展示成果和领导激励员工的平台。因此，在进行二级诊断的时候，推进部门及专家必须事先对诊断的内容、诊断流程及报告形式等做好细致的准备工作。

诊断申请表如表 2－16 所示。

二、改善成果的总结

每一个阶段活动结束后，经专家和公司诊断合格后方可进入下一阶段的工作。提出诊断申请之前，申请部门必须做好阶段活动总结。即对本阶段的改善计划、活动内容、活动效果等做成改善报告，并以此作为改善成果进行交流和展示。

改善活动的总结报告通常应包括如下内容：

（1）本阶段的改善目标和改善计划；

（2）本阶段改善活动的内容；

（3）改善成果；

（4）对本阶段改善的反省（对活动过程的体会、反省及其他可以值得借鉴的经验）。

三、诊断申请与诊断实施流程

自主管理活动有 5 个活动步骤，而这 5 个步骤说到底就是 5 个不同的水准，因此，在申请诊断认证时，可以分步或合并提出诊断申请。下面具体说明诊断工作如何进行（如图2－15所示），供读者参考。

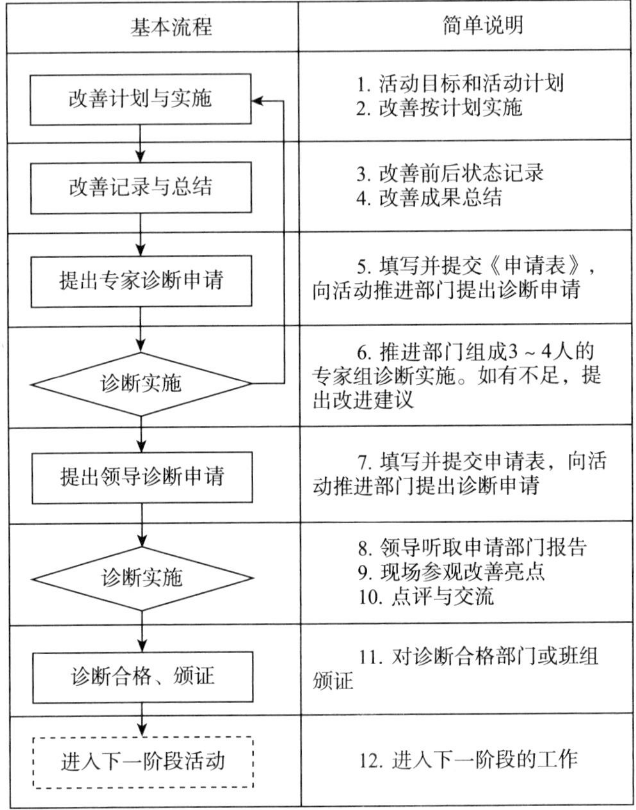

图2－15　改善实施与诊断流程图

四、诊断申请与实施过程中的注意事项

诊断申请与实施过程中，需要注意以下事项：

（1）原则上，部门可以自行决定诊断认证的级别和受诊断的对象，受诊断对象可以是部门全部区域，也可以是部分区域或设备。

（2）在通过专家（一级）诊断之前，不能直接提出领导（二级）诊断申请。

（3）诊断组成员将对阶段改善计划、现场改善情况和改善报告进行诊断，并将获得的客观证据填写在《自主管理活动诊断表》（表2－17）上，并对表中的诊断项目逐项进行符合性判断。针对诊断中发现的不符合事项，给予建议、辅导，并确认对策措施的落实。

（4）诊断组组长根据员工的《自主管理活动诊断表》填写《自主管理活动诊断结果报告》（表2－18），并连同诊断表一起上交推进部门。

（5）一般来说，领导诊断都会以合格通过，但是推进部门和申请部门需要认真听取领导的要求和意见，并及时在后续的工作中予以落实。

五、自主管理活动诊断相关表格

表2－16　自主管理活动诊断申请表

<table>
<tr><td colspan="4">1. 申请（申请部门填写）</td></tr>
<tr><td>申请部门</td><td></td><td>申请诊断时间</td><td></td></tr>
<tr><td>接受诊断区域或设备</td><td colspan="3"></td></tr>
<tr><td>诊断级别</td><td colspan="2">（　　）阶段：（　　　　　）</td><td>部门长签字</td></tr>
<tr><td>诊断类别</td><td colspan="2">□ 专家诊断　　□ 领导诊断</td><td></td></tr>
<tr><td colspan="4">2. 核准（革新部门填写）</td></tr>
<tr><td>确定诊断时间</td><td colspan="3"></td></tr>
<tr><td rowspan="2">诊断组成人员（2～4名）</td><td>组长</td><td colspan="2"></td></tr>
<tr><td>组员</td><td colspan="2"></td></tr>
<tr><td rowspan="2">要求准备事项</td><td colspan="2" rowspan="2"></td><td>签字确认</td></tr>
<tr><td></td></tr>
</table>

表2－17　自主管理活动诊断表

<table>
<tr><td colspan="6">1. 申请（申请部门填写）</td></tr>
<tr><td>部门</td><td colspan="2"></td><td>诊断时间</td><td colspan="2"></td></tr>
<tr><td>诊断区域</td><td colspan="5"></td></tr>
<tr><td>诊断阶段</td><td colspan="5">□0 阶段：5S 管理　□1 阶段：初期清扫
□2 阶段：两源对策　□3 阶段：点检标准化
□4 阶段：点检效率化　□5 阶段：自主管理体制建立</td></tr>
<tr><td colspan="6">2. 核准（推进部门填写）</td></tr>
<tr><td rowspan="2">No</td><td rowspan="2">诊断项目</td><td rowspan="2">诊断要求</td><td colspan="2">基准分</td><td rowspan="2">评分</td></tr>
<tr><td>无</td><td>有</td></tr>
<tr><td rowspan="2">1</td><td rowspan="2">问题识别</td><td>◇85%以上的问题已被识别</td><td>0</td><td>10</td><td></td></tr>
<tr><td>◇回头看问题充分加1～5分</td><td>0</td><td>1－5</td><td></td></tr>
<tr><td rowspan="2">2</td><td rowspan="2">改善目标和计划</td><td>◇有改善目标，有实施计划</td><td>0</td><td>10</td><td></td></tr>
<tr><td>◇计划水平高加1～5分</td><td>0</td><td>1－5</td><td></td></tr>
<tr><td rowspan="2">3</td><td rowspan="2">改善实施与记录</td><td>◇85%以上的问题已解决</td><td>0</td><td>10</td><td></td></tr>
<tr><td>◇改善记录好加1～5分</td><td>0</td><td>1－5</td><td></td></tr>
<tr><td rowspan="2">4</td><td rowspan="2">改善效果</td><td>◇现场有实际改善效果</td><td>0</td><td>20</td><td></td></tr>
<tr><td>◇改善亮点展示好加1～5分</td><td>0</td><td>1－5</td><td></td></tr>
<tr><td rowspan="2">5</td><td rowspan="2">改善总结报告</td><td>◇有改善结果总结报告</td><td>0</td><td>10</td><td></td></tr>
<tr><td>◇总结水平高的可加1～5分</td><td>0</td><td>1－5</td><td></td></tr>
<tr><td rowspan="2">6</td><td rowspan="2">员工培训与士气</td><td>◇可证明有阶段全员培训</td><td>0</td><td>10</td><td></td></tr>
<tr><td>◇员工士气好可加1～5分</td><td>0</td><td>1－5</td><td></td></tr>
<tr><td colspan="5">总得分</td><td></td></tr>
<tr><td colspan="4">诊断者签名</td><td colspan="2"></td></tr>
</table>

表2－18　自主管理活动诊断结果报告

申请部门		诊断时间	
诊断区域			
诊断对象		诊断组长	

续表

<table>
<tr><td rowspan="5">诊断者</td><td colspan="2">姓　名</td><td colspan="2">评　分</td><td colspan="2">备　注</td></tr>
<tr><td>1</td><td></td><td colspan="2"></td><td colspan="2"></td></tr>
<tr><td>2</td><td></td><td colspan="2"></td><td colspan="2"></td></tr>
<tr><td>3</td><td></td><td colspan="2"></td><td colspan="2"></td></tr>
<tr><td>4</td><td></td><td colspan="2"></td><td colspan="2"></td></tr>
<tr><td colspan="3">平均得分</td><td colspan="2"></td><td colspan="2"></td></tr>
<tr><td colspan="7">诊断结论与问题点记录</td></tr>
<tr><td colspan="2" rowspan="3">诊断结论</td><td colspan="2">□ 合格</td><td colspan="3">得分 85 分及以上</td></tr>
<tr><td colspan="2">□有条件合格</td><td colspan="3">得分在 80 ~85 分之间</td></tr>
<tr><td colspan="2">□不合格</td><td colspan="3">得分 80 分以下（不含 80 分）</td></tr>
<tr><td colspan="2">问题点</td><td colspan="5">有条件合格时要重点填写：</td></tr>
<tr><td colspan="5">诊断小组意见：</td><td>诊断组长</td><td></td></tr>
<tr><td colspan="5">革新部门结论：</td><td>革新部门</td><td></td></tr>
</table>

第三章
提案活动
发掘员工智慧

小故事：一个美好的持续改善故事

过去三十余年国内企业实现了高速增长，甚至是野蛮增长，不仅使许多管理者们在不知不觉中丢弃人性，而且让他们误以为好斗和你死我活的狼性（文化）才是企业成功的不二法宝。时至今日，人口红利逐步耗尽，80后、90后等年轻一代劳动者不再像前辈那样逆来顺受，忍受非人性的管束，他们开始“用脚投票”，企业管理回归人性已是大势所趋。

在一家推崇人性化管理的企业里，一线员工写信向董事长投诉厕所里经常没有厕纸，很不方便。董事长知道之后，马上指示行政部解决问题。行政经理早就知道产生问题的原因，众所周知，有人将卷纸偷回家使用，即使清洁工每两个小时到厕所各蹲位补充一次厕纸，也会经常出现厕纸断档的情况。一直以来，由于费用控制的需要，行政经理面对厕纸断档的问题睁一只眼闭一只眼。现在领导有明确要求，就不得不认真对待了。他把自己知道的情况及费用预算不足的问题向领导做了汇报，但领导态度坚决地教育行政经理，管理要以人为本，要人性化，必须无条件及时补充厕纸。一个月下来，员工的抱怨没有了，但是用纸费用增加了近一倍，行政经理在月度工作汇报中因为成本控制不好受到了领导的批评。他当场抱怨，既要无限制供应（践行以人为本的思想），又要控制费用（兑现持续改善承诺），自己很为难。而领导坚持认为，这两件事之所以矛盾，是管理智慧不足（无法杜绝有人偷回家）造成的，希望继续动脑筋想办法解决问题。

过了几天，行政经理把自己想到的办法请示公司领导，即希望能给予保安员在员工离开时检查包包的权力，防止员工把卷纸带回家。领导拒绝了行政经理的要求，理由是，以人为本和人性化管理的企业是不能检查员工包包的。行政经理这下彻底困惑了，不知如何是好？善解人意的领导建议他，自己智慧不够，说不准民间有高手，何不“群策群力”看看。

他很快按照领导建议，召集几个部门一线员工中的改善能手开会，谈了自己的困惑，希望大家一起帮忙想想办法。功夫不负有心人，改善建议很快就由一位改善能手提出来了，他的方案是，改小卷装厕纸为装在纸盒里的大卷装厕纸，这样大卷纸就拿不下来，即使撬开盒子拿下来了又不方便带走，应该可以解决问题。经评估后，公司决定在所有厕所蹲位上加装一个大大的纸盒子。经过一段时间试用，发现效果良好，纸张费用降了30%。这个大纸盒子在今天看来稀松平常到处可见，但在10多年前第一次被员工提出来的时候，却是一个很好的发明创造。

又过了一月有余，那位改善能手又指出，这个大盒子方案还有漏洞，需要持续改善。理由是，他通过观察发现，在宿舍里许多人都在使用小小卷的厕纸，应该是有人在如厕时顺手牵羊带回宿舍的。基于此，他进一步建议，取消厕所内各蹲位的纸盒子，把其中的一个固定在大家都能看到的厕所门口。如此这般改善之后，效果十分明显，不仅可以保障随时有纸用，而且厕纸的使用量又下降了许多。公司对这位改善能手给予了物质和精神上的奖励。

从人性化管理的角度看这个案例的时候，我们可以获得多方面的启示。第一，这家企业领导以人性化管理为经营原则之一，并身体力行始终如一。第二，人性化管理与效率、成本等管理并不矛盾，可以有机统一。第三，人性化管理既可以是目标（让员工有纸用），也可以是巧妙的方法（利用“阳光”之法抑人性之恶）和参与的过程（通过奖励参与扬人性之善）。第四，人性化管理不是某个一成不变的结果，而是可以持续追求更高的管理境界……

这样的案例还可以举出许多，事实证明，大量管理问题通常都可以找到巧妙甚至更好的人性化解决方案。

❶ 提案活动与全员参与

提案活动效果图如图 3－1 所示。

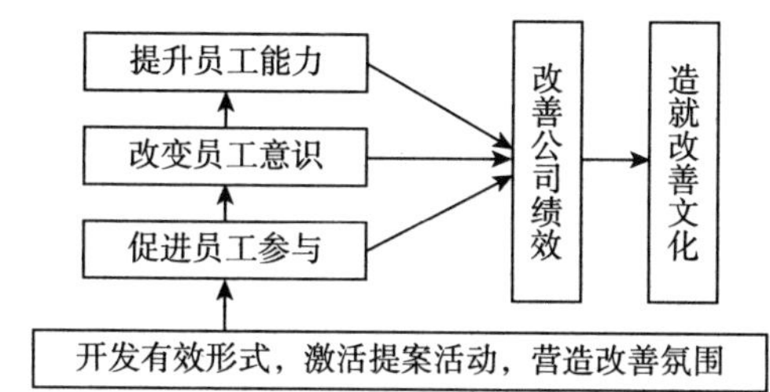

图 3－1　提案活动效果图

一、提案活动与提案的自主实施

改善提案活动是公司通过一定的制度化奖励措施，引导和鼓励员工积极主动地提出并实施有利于改善企业经营绩效、提高企业管理水平的革新建议、改进意见和发明创造等的活动。

由于提案活动强调员工的自主实施，因此“写提案”也就是写“改善结果报告”。从以上定义中可以看出，提案活动有以下两个基本特征：

（1）制度化的奖励措施。

公司要建立一套有效的和可操作的奖励制度及提案审核标准。提案审核标准是用来核准员工提案的有效性和效果的。奖励制度就是通过制度化的奖励措施，对员工的提案进行精神和物质的奖励，激发员工特别是一线员工参与提案活动的积极性。

（2）要求或鼓励提案者自主实施改善。

我们坚持认为，对一个企业来说，只有那些可实施的并且已实施的提案才是真正有价值的提案。

公司要求或鼓励员工自主实施自己提出的改善提案。自主实施改善既可以培养员工自主发现问题、自主解决问题的良好习惯，也是提高员工工作能力和技能水平的有效途径。当然，那些出发点及创意都好，但受客观条件限制不能实施或不能自主实施的提案也应该在奖励之列（参与奖）。

二、改善提案不同于提建议

提案活动看起来很像我们通常所说的合理化建议或提建议活动，但是从表3－1我们可以看出，提案活动不同于提建议活动。

表3－1　提案活动与提建议活动的不同

比较项目	改善提案活动	提建议活动
重视程度	最高领导重视	最高领导关注不够
活动目的	促进员工参与	改善经营效益
奖励方式	金额低、奖励面广	金额高、奖励面窄
推进方法	持续的推进	非持续的推动
活动目标	追求提案数量和质量	追求提案效果
提案格式	便于填写的格式	无指定格式
管理模式	标准化管理	无标准化管理

除此之外，提案活动还应该注意以下几条：

（1）不限定提案内容。

在这项活动中，不限定员工的提案范围，员工可以从企业经营活动的所有方面提出改善建议。提案内容可以涉及质量、效率、成本、安全、卫生、环境、培训等所有方面。

同时也不限定提案水平的高度和提案的大小，只要对企业有利，再小的建议都在接纳、实施、奖励之列。

（2）提案格式标准化。

为了促进员工的广泛参与，使用标准化的提案格式特别重要。标准化的提案格式不仅便于员工填写，更重要的是让员工敢于填写。如果没有一定的格式，让员工自由发挥，自主组织文字，可以肯定的是，许多员工特别是那些现场的一线（受教育程度较低）员工将束手无策。

（3）提案活动不以经济效益为追求目标。

提案活动最重要的目的是促进员工对活动的关注和参与，营造良好的改善活动氛围，因此要摒弃或排除任何简单地追求提案活动经济效益或怀疑提案活动经济效益的意见和想法。

（4）提案活动促进全员参与。

所有的改善和革新活动，要想真正取得效果，员工积极广泛的参与十分重要。否则，改善和革新活动将是企业高层的一厢情愿。因此，在推进企业改善活动的过程中，首先要使企业内形成良好的改善氛围，创建有利于革新创造的企业文化，设法促进员工广泛积极地参与是达成这一目的的最好办法。

促进员工积极参与，提高员工积极性的最有效办法就是开展改善提案活动。因此，开展这项活动具有重要的现实意义。

三、提案活动的积极意义

长期坚持开展改善提案活动，有利于培养自主、积极进取的员工，塑造积极向上的企业文化。因此，开展这项活动可以从以下几方面来理解它的积极作用：

（1）培养员工的问题意识和改善意识。

（2）改善员工精神面貌，创建积极进取、文明健康的企业文化。

（3）培养员工发现问题和解决问题的能力，提高员工技能。

（4）改善员工工作环境，提高员工满意度。

（5）改善设备的运行条件，提高设备运行效率。

（6）引导员工从细微处着眼消除各种浪费、损耗，降低成本，提高效率。

除此之外，只要这项活动被充分激活，那么许多问题或不良现象都会被解决或消除在萌芽状态，从而有助于消除微缺陷，防患于未然。

因此，全体员工都来关注企业发展，关注自己身边的问题，积极主动地解决问题，书写改善提案，既是企业经营的需要，又是企业凝聚力的体现。

❷ 走出提案活动的误区

对提案活动的理解容易产生以下误区：

（1）认为提案活动片面追求数量，质量不高，效益不明显。

（2）担心无法区分哪些是分内工作，哪些是改善。

（3）担心员工会为钱所动，拼命写提案，影响正常工作。

（4）担心管理水平提高后将很难找出问题，持续推进有困难。

（5）担心等级评价由部门领导决定，会产生不公正的现象。

（6）认为要激活这项活动就必须重奖提案者，或按改善金额比例发放奖金。

（7）认为安装提案箱，就可以收到员工提案。

由于对活动的意义理解不足，在员工或管理层中会产生这样或那样的疑问、担心及操作上的误区，不提前解决这些问题，提案活动就不可能顺利开展。

一、认为提案活动片面追求数量，质量不高

首先要说明，这项活动的主要目的是促进员工的参与，营造良好、浓厚的改善活动氛围。因此，提案本身的经济效益是次要的，只要有益，再小的提案都是可取、可嘉的。员工提出的提案数量越多，说明员工对企业存在的问题关注越多。管理无小事，再小的问题都应该认真对待并杜绝，

提案数量越多越及时，就越能避免小问题引起大问题。更何况，在大量的改善提案中，不时还能淘出闪闪发光的金子。

我们也不该忘记积少成多、积土成山的道理，大量提案的积累必将为企业带来丰厚的回报。有专家做过一个统计调查，如表3－2所示，结果表明，提案奖金的回报率是30倍以上。

表3－2　提案奖金回报率

调查项目	日本的数据
调查公司数（家）	559
员工数（人）	197万
年度人均件数	24
年度参加率	60%
采用率	82%
每件经济效果	17670日元
每件奖金	500日元
倍率	35.3

二、担心无法区分哪些是分内工作，哪些是改善

笔者在推进这项工作的时候就有过这样的疑问，特别是对技术部门和设计部门的员工提出的提案，争议更加激烈。反方的论点是，技术部门员工本来的工作就是解决生产中出现的问题，而设计部门的员工本来就应该不断地发明创造，何来改善提案及工资以外的奖励。当这种争论传达到高层那里（即高层内部的认识不一致）的时候，不出所料，技术部门和设计部门的提案件数一落千丈，这从反面印证了一个道理，员工提案不仅仅是为了奖金，更是为了在参与中获得自身的价值（既然公司上层不理解，那就不写罢了。要不然，别人还以为我们就图那10元、20元，让人瞧不起，

不值得）。

就这个问题，在我推进这项活动的初期也曾犹豫过、也曾争论过，我咨询了权威的改善专家，他们的回答基本上是一致的，就是说改善活动没有部门之分，也没有分内分外的区别，任何有益于企业经营的建议、提案及发明创造都应该得到奖励。特别是理光集团的一位常务董事回答得更干脆，他说，所有工作方法的改变只要以“当时的眼光”（以后可能会发现并不是最好）判断是有益（对企业经营和管理有帮助）的，它就应该受到奖励。这也说明了管理学的一个道理，管理中没有最好，只有更好，改善是无止境的。判断员工提案是否属于改善，只有一个标准，那就是确认提案是否满足“改善”的两个基本要素，即“改方法”和“善结果”，两者缺一不可。这就是说，即使结果好了，如果方法没有改变，这样的提案就不算改善。反之亦然。

在解决了以上疑问之后，人们关于分内分外及以部门区分的争论才可能消除，才不会影响员工参与改善提案的积极性。

三、担心员工为钱写提案，影响本职工作

员工为钱所动，无可厚非，因为奖励制度本身就是要通过少量的奖金来激发员工的提案热情。拼命写提案是否会影响工作呢？回答也是否定的，原因是提案并不是随笔就能写成的，它需要员工了解和熟悉周围的工作，有很强的观察事物和发现问题的能力，还需要有很强的责任心。有责任心、有能力的员工不会顾此失彼。实践证明，越是写提案多的人，本职工作也做得越好。那些工作不认真的员工是不会关注身边的问题的，改善提案也无从谈起。

退一步讲，如果能让一个不甚负责的员工加入到积极提案的行列，那

么他将从改善活动中得到启发，逐渐成为一名出色的员工。说到底，这正是我们设法激活这项活动的最根本目的，即让更多的人关注改善活动，参与改善活动。

四、担心管理水平提高后，将很难找出新的问题

我们在实践中发现这样一个现象，随着改善活动的深入开展，那些显而易见的问题会随之减少，但是这并不意味着企业就不存在问题。与此同时，员工发现问题和解决问题的能力越来越强，员工发现的问题越来越深，本质的问题越来越多，提案件数也越来越多。更何况，企业内部也不是一成不变的，各种各样的变动（新产品导入、新技术引进等会引起决定工作和产品质量的4M，即Man、Machine、Material、Method的变化）都会带来全新的问题，因此，在企业管理水平提高之后，对员工的提案件数减少的担心是没有必要的。

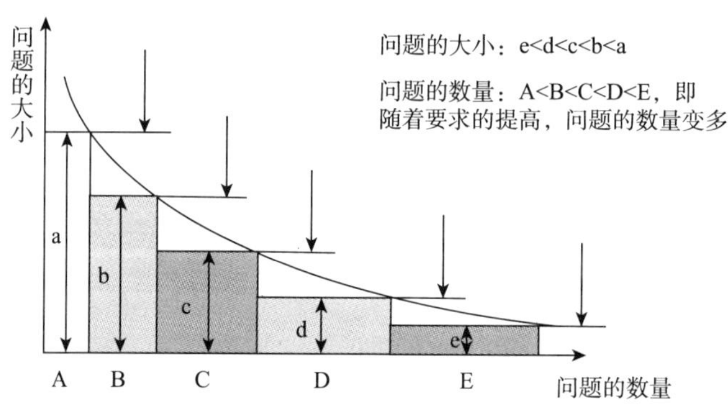

图3－2　问题点大小和数量之间的关系

从图3－2所示的数学模型中可以清楚地发现，每当我们提高要求或者提升我们发现问题的能力的时候，我们会发现越来越多的问题点。这也就是提案活动可以长期推进，并且不用担心数量会越来越少的一个理论

依据。

因此，如果发现员工提案件数在异常波动或逐月减少，你就要研究是否在推进方法、推进力度、员工的能力提高或其他方面出了什么问题。如果不及时克服这些问题，活动将面临全面滑坡的危险。

我们经常可以听到这样的抱怨，提案活动只能维持短时间的热度，开始时轰轰烈烈，几个月后冷冷清清，甚至销声匿迹。我们可以肯定，并不是因为企业管理水平提高了，而是因为在活动推动上出了问题。

五、担心等级评定由部门长决定，会有不公正

评价工作主要是由部门长来做的，不排除提案定级上的偏差。但推进部门有责任对各部门的评级情况进行核准，发现问题及时沟通、及时调整，使评级工作趋于合理、公平。另外，对奖励级别较高的提案，特别是涉及无形效果的提案，还可以由推进部门协调组织实施会审，由跨部门委员一起给予考核定级。

六、重奖提案者或按改善金额比例发放奖金

所谓重奖和按比例奖励基本上说的是一件事，就是根据改善的金额计算奖金，我们认为这样做既不科学，又会引发某些副作用。为什么不宜提倡？原因有二。

（1）让员工变得斤斤计较。

重奖和按比例奖励对核算改善金额的精度提出了更高的要求，员工也会特别在乎核准金额的高低，从而变得斤斤计较。这样做就不可避免地会出现对核准金额的疑问，不仅会影响员工的士气，严重时还会影响员工和

评价者之间的关系。

（2）可能造成不公平，不利于员工成长。

由于有重金的诱惑，很难保证不会有人（提案人或评价者）铤而走险，弄虚作假，从而造成不公平和引起员工抱怨，不利于员工素养的提升。员工在乎的是提案被认可，提案获得肯定。因此，最好的办法就是淡化奖金的金钱意义，让它变成一种受到肯定的“符号”。

七、认为安装提案箱，就可以收到员工提案

以前，一些企业为了收集员工的提案，在公司内的某些场所设置提案箱。员工有提案或建议的话可以自由地将提案投入其中，公司安排指定人员定期开启提案箱，收集和处理箱内的提案。众多的尝试证明，这种做法不仅落后而且是注定要失败的，那些把提案制度等同于提案箱的企业，提案活动早就是一种摆设，员工的积极参与也无从谈起。为什么提案箱活动会是这样的结果呢？推敲之后我们不难理解，提案箱活动等于告诉员工，员工能够自主自由地提案，只要员工愿意就可以参与提案，不愿意也可以不参与提案。面对这样的提案箱活动，难道你还有兴趣长期坚持提案吗？答案当然是否定的。

提案箱活动成功的企业并不依赖于提案箱，而是“走动的提案箱”，即企业、部门的领导及 TPM 活动推进人员担当起提案箱的角色，直接催促、动员、说服员工参与提案，调动他们参与提案的积极性。

为了帮助和鼓励员工参与提案，有时候领导和推进人员要有意识地将自己的提案思路提示给员工，让员工把它作为提案写出来。有时候，还可以让某一部门的负责人或员工承诺完成提案的件数，等等。

总之，要激活改善提案活动，必须要由企业或部门负责人，及精通改善活动推进人员进行积极有效地推动。

❸ 提案活动的标准化管理

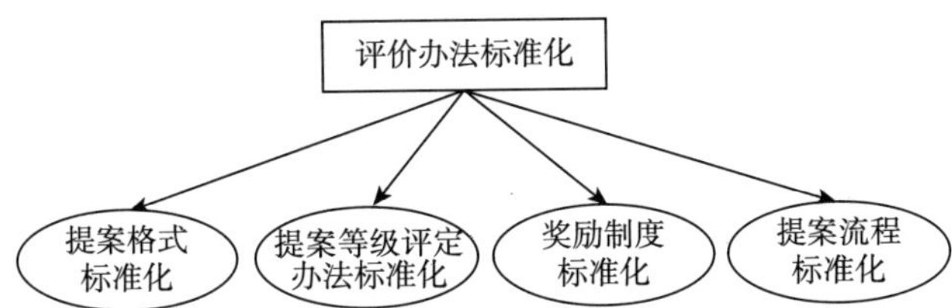

提案活动是促进员工广泛参与，发掘员工聪明才智的最有效活动形式。标准化管理可以使活动长期有效地开展。

图3－3 提案活动的四大标准化内容

如前所述，改善提案活动是一种通过标准化和制度化的评价、奖励措施来推动的改善活动。因此，开展这项活动最重要的工作就是建立一套提案等级评价标准及与之相对应的奖励制度。

标准化的评价及奖励措施包括以下内容（如图3－3所示）：

（1）提案格式的标准化；

（2）提案等级评定办法的标准化；

（3）奖励制度标准化；

（4）提案受理、处理流程标准化。

通常情况下，以上几个方面的内容可以归纳为一个《改善提案活动奖励标准》。通过运行这个奖励标准，即可达到对改善提案活动进行管理的目的。

一、提案格式的标准化

我们知道，本章讨论的改善提案活动与我们通常说的合理化建议活动有些相似，但是一般来说，许多国内企业所提倡的合理化建议活动只停留在号召的层面上，没有具体便捷的操作办法。其结果是，员工不知道如何进行提案和应该提出何等水平的提案。特别是一线员工所受的教育程度相对较低，就显得更加不知所措，对提案活动的参与度也就大打折扣。

为了使提案活动有良好的可操作性，我们将提案书格式进行了标准化。在提案活动初期，可以使用表3－3所示的简易型提案书格式（A表）。如果企业员工的素质较高或经过一个阶段的推进，希望提高员工提案水平的时候，可以同时使用表3－4所示的一般型提案书格式（B表）。每个企业可以根据自身的情况做出选择。

表3－3　简易型提案格式

改善提案表（A）

姓名		部门	
课题			
改善前	问题点描述（文字、照片、图表）		
改善后	（改善方案）		

续表

<table>
<tr><td rowspan="1">改善效果</td><td colspan="8">□实施　　　　□未实施（预期效果）</td></tr>
<tr><td rowspan="2">评价</td><td>1 级</td><td>2 级</td><td>3 级</td><td>4 级</td><td>5 级</td><td>6 级</td><td>初评</td><td>认可</td></tr>
<tr><td></td><td></td><td></td><td></td><td></td><td></td><td></td><td></td></tr>
<tr><td colspan="9">注意：1. 提案原则上要求自主实施，或由部门领导协调实施
2. 提案人可以把提案提交给直属上司或部门长</td></tr>
</table>

表 3－4　一般型提案格式

改善提案表（B）

<table>
<tr><td colspan="2">姓　名</td><td colspan="3"></td><td colspan="2">部　门</td><td colspan="2"></td></tr>
<tr><td colspan="2">课　题</td><td colspan="7"></td></tr>
<tr><td rowspan="2">改善前</td><td colspan="4">问题描述：</td><td colspan="4">图示或数据：</td></tr>
<tr><td colspan="4">要因分析：</td><td colspan="4">分析结果（关键要因）：</td></tr>
<tr><td>改善后</td><td colspan="4">改善对策：</td><td colspan="4">对策依据与实施：</td></tr>
<tr><td rowspan="3">改善效果</td><td colspan="4" rowspan="3">有形效果：</td><td colspan="4">无形效果：</td></tr>
<tr><td>环境</td><td>安全</td><td>士气</td><td>品质</td></tr>
<tr><td></td><td></td><td></td><td></td></tr>
<tr><td rowspan="2">评价</td><td>1 级</td><td>2 级</td><td>3 级</td><td>4 级</td><td>5 级</td><td>6 级</td><td>初评</td><td>审核</td></tr>
<tr><td></td><td></td><td></td><td></td><td></td><td></td><td></td><td></td></tr>
<tr><td colspan="9">注意：1. 提案原则上要求自主实施，或由部门领导协调实施
2. 提案人可以把提案提交给直属上司或部门长</td></tr>
</table>

员工提案时，只要按格式要求填写即可。标准化的提案格式至少有以下几个方面的益处：

（1）便于员工填写，员工在提出提案时，不用花费很多精力去组织语言，高效便捷。

（2）标准化格式还能向员工提供一种发现问题、解决问题的模式和步骤，在使用过程中还有利于提升员工发现问题、分析问题和解决问题的能力。

（3）标准化的格式还使评价高效、科学、合理。

（4）标准化的格式便于效果的确认和统计。

在实际提案过程中，某些小的改善提案只要将改善前后的做法用照片或一两句话进行描述即可，即一句话改善，这个时候使用如表3－5所示的简易型格式就方便快捷得多。

简易型和一般型提案格式的适用性可以简单地加以区别，即简易型比较适合初中级水平的提案，而一般型比较适合中高级别的提案。

表3－5　两种提案格式的适用情况

提案级别	初　级	中　级	高　级
一般型	△	○	◎
简易型	◎	○	△
◎ 很适用　○一般适用　△不太适用			

就是说，效果好的提案要想获得较高级别的奖励，就必须使用一般型提案格式，但并不是说使用一般型提案格式的提案都可以被评为较高奖励级别。在这种制度安排下，有条件的员工会尽量采用B表提出改善提案。

具体到某一企业，既可以只采用一种格式，也可以采用两种格式。规定可以使用两种格式的时候，最好特别指明什么级别的提案采用何种格式。

A、B 表的作用如下：

（1）A 表的用途。

有些简单的小提案、问题和改善措施都十分简单明了，只要一句话就能够说清楚的，使用此表不仅实用而且高效快捷。

（2）B 表的用途。

使用 B 表的好处是显而易见的，它可以引导员工思考和提高员工解决问题的能力。从表格的内容可以看出，填写一次 B 表就等于员工对问题的解决进行了一次全面的思考，就等于运行了一次小的 PDCA 循环。这有利于强化员工解决问题的意识和提升解决问题的能力，对员工来说，写提案本身又是一次十分有效的培训和学习。

二、提案评价办法标准化

一般来说，提案的得分是根据以下多个项目的好坏决定的：

（1）有形效果（效果金额）；

（2）无形效果（效果的影响范围）；

（3）独创性或创意；

（4）提案的推广意义；

（5）提案的可实施性；

（6）实现改善所需投入的努力大小。

提案评分标准具体如表 3－6 所示。

表3－6　提案评分标准

		E	D	C	B	A
效果金额	55分	实施后可获得的年效果金额（元）：占M分				
		<5000	≥5000 <10000	≥10000 < 20000	≥20000 < 50000	≥50000
		0～8	9～16	17～24	25～32	33～40
无形效果		安全、卫生、环境、品质、积极性提高：占N分（M+N=55，即M、N可以任意分配）				
		<10%	<20%	<30%	<50%	>50%
		0～3	4～6	7～9	10～12	13～15
独创性	10分	创意、独创性、窍门				
		无新意	有新意	有独创性	很有独创	最有独创
		0～2	3～4	5～6	7～8	9～10
推广意义	10分	改善内容值得推广利用范围				
		个人	科内	部门内	企业内	社会上
		0～2	3～4	5～6	7～8	9～10
完整性	10分	改善内容的完整性和修补必要性				
		大量修补	一半修补	少许修补	微调	直接实施
		0～2	3～4	5～6	7～8	9～10
努力程度	15分	对提案者来说的实施难度或努力度				
		一般	有些努力	相当努力	很努力	最大努力
		0～3	4～6	7～9	10～12	13～15
100分		得分：				

作为补充说明，这里罗列了一些需要留意的事项（如表3－7），这些事项也可以作为员工培训的内容进行相应的说明，供评价改善提案或指导员工时参考。

表3－7　评价时的留意点

No.	评价的要点
1	提案的前提条件有没有问题
2	提案的效果是持续的还是一时性的

续表

No.	评价的要点
3	提案的内容和目的是否已经充分明晰
4	提案实施的可行性如何
5	提案的独创性到底属于什么层次
6	改善实施所投入的努力是否能得到确认
7	提案运用、推广的范围如何
8	提案对质量及相关管理项目有无副作用
9	提案实施所需的费用如何
10	品质、安全性等能否得到保障
11	是否已经（自己或本部门）自主实施

三、制定一个有形效果核算基准

制定统一的提案等级评价基准是做好等级评价工作的前提条件之一。

首先，企业有必要制作一份统一的改善效果（有形效果）核算基准。这一基准应包括对成本或效率产生影响的主要项目。它们是：

（1）人工费用（用工时成本表示）；

（2）用水、用电、用气费用；

（3）设备投资及折旧费用；

（4）设备或生产线异常停止造成工时损失费用；

（5）材料、零件、产品损耗费用；

（6）施工或维修等外委托费用；

（7）场地、空间费用（租金）；

（8）库存占用资金利息；

（9）运输、搬运费用。

以上这些费用标准最好以财务的核算值为准，提出财务核算值有困难的或不便使用的（出于保密的考虑），可以采用较低的估算值替代，重要的是公司要以统一的基准来平衡各部门的评级工作。有了有形效果（最终可以金额表示的部分）的评定基准之后，我们可以用同一个基准来核算所有改善的改善金额，并根据改善金额的大小确定改善提案的得分和级别。

四、无形效果的衡量办法

有形效果是可以量化的，但无形效果及其他项目（创意、工作难度、努力程度等）的评价基准比较难以确定，多数情况下要靠主观判断来决定改善的等级。

一般来说，可以按照无形效果的影响度（范围）及为实施改善所需付出的努力等来予以评价，如表3－8所示。

表3－8　无形效果评价基准

评价项目	评价或评级				
	高	较高	一般	较低	低
影响范围	有社会推广价值	有公司推广价值	有部门推广价值	有班组推广价值	无特别推广价值
创意水平	卓越	很好	好	较好	一般
改善难度	难度高	难度较高	一般	难度较低	难度低

为了使各部门长有效、客观地进行级别评判，在涉及较高级别的评价时，可以通过讨论的形式来决定提案的级别。长期坚持这样做，既能保证级别评判工作的公正性，帮助各部门长建立一个比较统一的（定性的）评判标准，又能通过对其他部门提案的了解，获取可供借鉴的改善信息，达到互相学习和共同提高的目的。

五、要“符号化”提案奖励金额

对改善提案的提案人实施物质和精神奖励是激发这项活动持续推进的良好措施，奖励办法的标准化就包括这两方面的内容。

关于物质奖励，首先要制定物质奖励的标准。物质奖励一般有现金或物品两种，这里以现金奖励为例进行说明。对各个级别的提案发放多少奖金，要根据奖金总额（财务部门或公司上层认可的预算额度）的多少来决定。所谓的奖励标准就是提案的得分、评价级别和奖励金额的对应关系，如表 3－9 所示。

表 3－9　奖金标准（示例）

得分	50 分以下	51～60 分	61～70 分	71～80 分	81～90 分	91～94 分	95 分以上
级别	6	5	4	3	2	1	特别奖
奖金（元）	5	10	20	50	150	300	不定

首先，特别奖是针对一些特别有创意或特别重大的改善而设的，具体奖励金额可以由企业管理层设定。

其次，要决定奖金的支付方式，一般来说以现金支付比把奖金计入工资更能发挥作用。

除了物质奖励之外，可以辅之以精神鼓励，比如说，可以利用月度、季度、年度冠军奖状、锦旗、优胜者展示及其他能体现优胜意味的形式予以表彰。

六、提案受理、处理程序

有效收集员工提案并及时评级、奖励提案员工是激活改善提案活动的前提条件。为了持续推进这项活动，还需要使提案受理、处理流程标准化，提案受理及处理程序如图3-4所示。

需要特别说明的是，以前“提案箱”被较多地运用，即在企业内设置若干“提案箱”，员工若有提案可以随时将提案投入箱中，而推进部门则定期或不定期回收提案。事实上，这种方法效果并不好，原因有两方面，一是处理不及时，二是很难体现企业上层对提案的重视，这两方面都会挫伤员工提案的积极性。

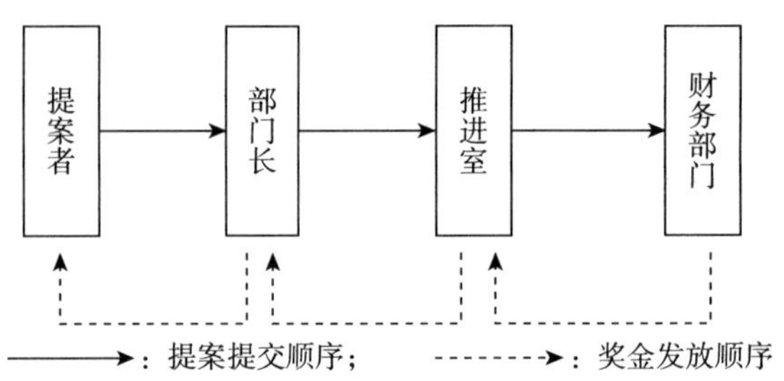

特别说明：

推进室原则上尊重部门长的评价和级别判定，但是针对那些评价级别较高的提案（如三级以上），推进室可以通过召集各部门活动委员开会予以审议核准，目的是逐步统一部门长对奖励级别的认识。

图3-4　提案受理及处理程序

提案受理、处理过程中需要留意的几个事项：

（1）部门内提案人和实施人不同时，由部门长协调奖金分配事宜。

（2）提案涉及其他部门，提案人不能直接实施时，具体的实施工作由TPM推进部门协调相关部门实施，实施后给予评级奖励，奖励由提案人和实施人共同分享（推进部门协商决定）。

（3）有积极意义但未实施的提案只能被评为最低级别奖励。

（4）相同或类似提案，原则上只给予原奖励级别一半的奖金，特殊情况（需要投入较多努力完成）可以适当提高奖金，具体金额由TPM推进部门决定。

❹ 激活提案活动的办法

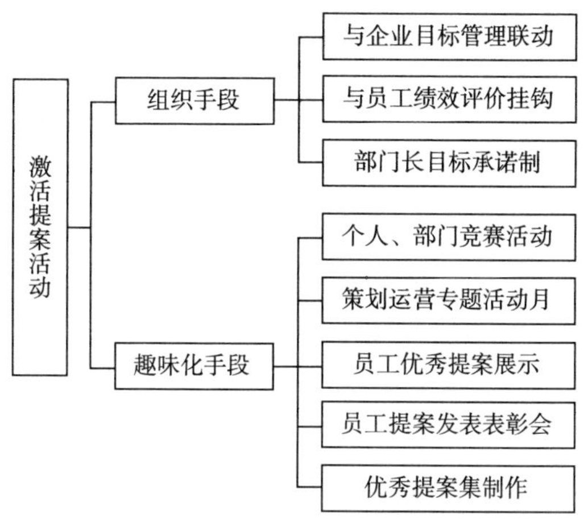

图 3－5　激活提案活动的方法

在日本出版的有关 TPM 改善活动的书籍里面，很少有对激活改善活动方法的叙述。原因在于，在日本企业里，员工爱公司如家，爱工作如命，只要公司号召，员工就能积极响应并投身其中。因此，在日本开展这项活动并不难。具体的提案活动方法如图 3－5 所示。

但在中国企业里，要让员工积极主动地提出改善提案，促成员工的广泛关注和参与，确实不是一件容易的事。而如果没有员工的广泛参与，改善活动的积极意义将不能很好地体现出来。因此，我们有必要对激活提案活动的方法进行研究。

下面是笔者长期在企业负责人力资源管理、改善活动推动工作中，及在为客户企业提供顾问服务过程中积累的一些可供借鉴的经验。

一、从组织和管理机制入手

要使员工积极参与提案活动绝不是一件简单的事情。最有效的办法是在推进提案活动的初期，从组织和管理机制出发，创造一个不得不参与提案的环境。

以下是一些可供借鉴的方法：

（1）部门长承诺制。

在提案活动初期，经常会出现有些部门积极参与，有些部门迟疑观望，还有些部门消极对待的情况。如果没有办法及时消除迟疑观望和消极对待现象，那些积极提案部门也会受到打击，不仅提案活动后进部门有可能激而不活，甚至有可能使整个提案活动夭折于初期。部门长承诺制就是要创造一个机会，让那些愿意的、犹豫的和消极对待的部门长，一起向员工和领导表明推动部门参与的决心。

具体做法是，召集提案活动动员会，要求部门长上台承诺部门提案件数和员工参与度。需要特别注意的是，承诺的数字不能太低，必须要满足企业最低要求。如企业要求月度提案人均1件以上，参与率60%以上。通常部门长必须承诺比这更高的目标。

（2）与部门或个人绩效评价挂钩。

把部门有效提案件数和员工参与率作为部门绩效评价指标之一，每月予以评价，也可以把个人有效提案件数与个人工作绩效直接挂钩。这样做的好处显而易见，即告诉部门管理者和员工，企业重视提案活动。

某企业对一线员工每月评价一次，评价结果分为A、B、C、D、E五等，根据评价结果予以不同的奖励。评价结果与提案数量的相关关系如下：

（1）同时满足工作评价为A和有效提案2件或以上者，最终评价为A。如有效提案件数1件或0件的，最终评价降一级为B。

（2）同时满足工作评价为B和有效提案件数1件或以上者，最终评价为B。没有提案者，最终评价降一级为C。

（3）整个年度获得12个A的员工可以获得三级晋升推荐（还需要获得人力资源部考核和上级批准）；10个A的员工可以获得两级晋升推荐；8个A的员工可以获得一级晋升推荐……

这样的评价晋级机制向员工说明了一个重要的道理，那就是优秀员工必须在做好本职工作的同时，积极参与提案活动，改善提案是一件高尚和有创造性的工作。

二、良好形式的运用和活动的趣味化

随着活动的推进，开展各类评比展示活动是很有必要的。做好评比展示工作至少能获得以下几个方面的效果：

（1）营造一种良好的、热烈的改善氛围。

（2）员工能从中体验到成就感。

（3）为员工提供一个相互学习和借鉴的园地。

（4）改善企业、工厂面貌，展示企业积极向上的改善文化（企业文化中最重要、最核心的部分）。

要激活改善提案活动，除了要对提案员工给予（物质）奖励之外，开展各类评比和展示活动（也是精神奖励一部分）也是很有必要的。

因此，我们千万不能吝啬少许的（制作）投入，而应有计划地做好评比及各类展示的规划和制作工作。以下介绍几种有效评比及展示活动方法。

(1) **部门提案件数竞赛。**

开展部门间、班组间的竞赛活动，就是要有效把握各部门提案件数指标（月度人均件数，员工参与率等），并把这些指标张帖在醒目的位置（如图3－6所示）。它的重要意义在于，可以有效促进部门间和班组间的竞争，培养员工的集体荣誉感。

同时，推进部门或企业管理层还可以根据竞赛结果，帮助后进部门研究问题的所在，促进后进部门奋发向上、赶超先进。

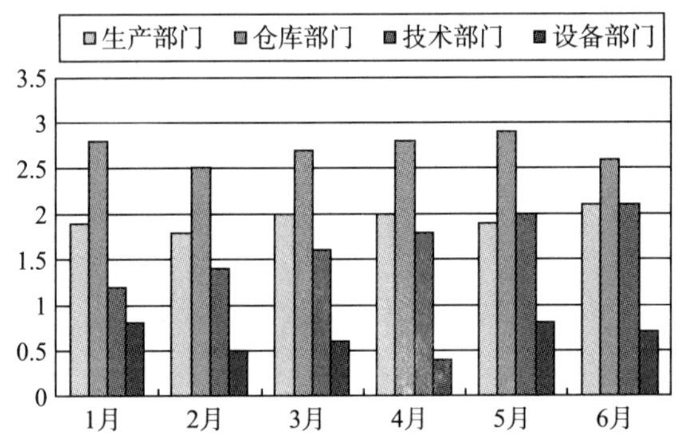

图3－6　部门或班组人均提案件数

(2) **个人提案件数龙虎榜。**

个人提案件数龙虎榜就是把月度提案件数最多的几名员工的有关资料（姓名、提案件数、照片、感言等）展现在如表3－10所示的龙虎榜上。图3－7是某企业员工精心制作的龙虎榜。对一般员工来说，可以在悬挂在醒目位置的龙虎榜上榜固然是一件很光荣的事情。

开展这项活动的主要目的是要展现优秀提案者的风采，引导员工向优秀员工学习，形成人人争先进的良好局面。

表 3－10　个人提案龙虎榜

月份	月度龙虎			件数纪录	获奖感言
1 月	张 × ×	照片	龙	57	
	陈 × ×	照片	虎	23	
2 月	袁 × ×	照片	龙	78	
	王 × ×	照片	虎	35	

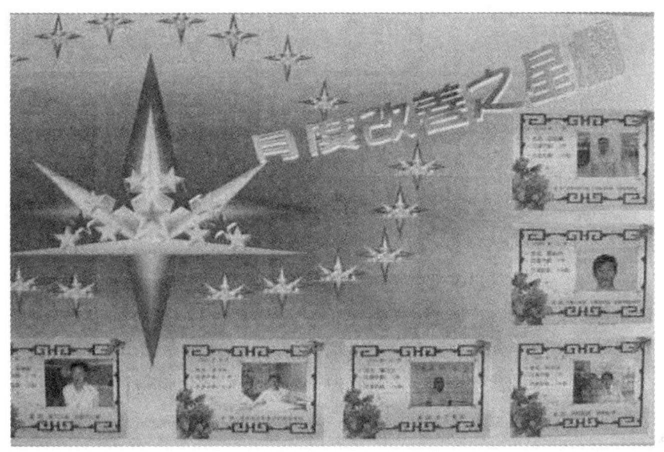

图 3－7　月度改善龙虎榜

（3） **优秀事例展示或优秀事例报告会。**

在每月数百件、数千件的提案中，不乏一些有创意、效果上乘的佳作。仅仅将这些优秀提案付诸实践然后束之高阁，是一种资源的浪费。我们应做的是为之提供一个场所（展示板）或一些机会（报告会），将这些优秀提案展示出来或者让提案人进行发表，使其他员工能共享这些提案成果，提高员工的提案水平。

（4） **改善活动园地制作。**

经过一段时间的改善活动之后，可以尝试制作如图 3－8 所示的改善活动园地，全面展示企业或者部门的改善文化、改善成果。

在这个园地里，可以对企业方针、部门方针、改善活动体系、改善活动计划及改善活动成果等进行系统的描述，使之成为企业或部门对外（来访者等）宣传的窗口。

图3－8 改善活动园地一角

在制作龙虎榜和改善园地时，很多人首先想到的是找一家喷绘企业，使制作显得精良漂亮，但我却坚持认为，改善活动必须自始至终坚持自己动手、自主实施的理念，只有员工一起剪剪切切，贴贴补补的制作痕迹才更有说服力。

（5）编辑员工提案事例集。

有条件的企业，可以把员工的优秀提案编辑成《改善事例集》在内部发行。这样做不仅能够彰显员工的智慧，更重要的是让员工体会到成就感。

三、培养员工强烈的问题意识

对任何企业或组织来说，最可怕的是在企业或组织内产生一种不把问题看作问题的惰性。这种惰性可能由两种情形造成，第一种情形是，领导和员工（组织的上上下下）对周围的事物漠不关心，对存在的问题视而不见，可想而知这类企业或组织是不具有生命力的；第二种情形是，领导或者员工（组织内有些人）能够意识到问题的存在，但是由于力量或方法所限，对问题的解决无能为力。随着时间的推移，第二种情形将很容易演变成第一种情形。

培养员工强烈的问题意识，目的是要形成一种把问题当问题看的组织文化和管理体制。

培养员工的问题意识是一项长期的工作，我们不能期望短期内达到目的，要坚持不懈地努力。如何培养员工的问题意识，尽管没有现成的答案，但是我们可以从以下几个方面着手逐步培养员工的问题意识。

（1）领导要率先垂范。

要让组织的成员有强烈的问题意识，首先，领导必须率先垂范，正视存在的问题，并从企业经营的高度给员工讲解企业存在的各类问题，帮助员工提高自身的认识水平。

（2）现场指导。

带领员工参观现场，在现场指出问题的所在，让员工对问题点有一个具体的感性认识，这是增强员工问题意识的有效办法之一。只要企业的各级领导能够关注管理上存在的各种问题，特别是现场存在的问题，并表现出不及时改进决不放手的决心，员工的问题意识和改善意识就能得到根本的提高。

相反，我们可以肯定，如果领导高高在上，难得到现场转一转，或者对现场的问题视而不见，或者只是发现问题但对问题的解决缺乏坚定的意志，久而久之，员工也会无视身边存在的问题。相信企业上下都不愿意看到这样一个结果。

（3）贴问题票活动。

定期召集部门负责人在企业内各部门进行巡视检查，发现问题就即刻张贴问题票（便于识别的红票），并规定或责令部门的负责人约定整改期限。之后，由各个责任部门对问题进行解决，摘掉问题票。

四、培养员工积极的行动意识

如上所述，有时候企业（部门）领导或者员工能够意识到问题的存在，但是由于力量或方法所限，对问题的解决无能为力，原因在于个人或组织缺少积极行动的意识和行动力。

我们提倡，改善活动要遵循求新、求快、求变的原则，养成一旦发现问题就立即制定对策的良好习惯，培育言行一致、雷厉风行的企业文化。

为了增强员工积极行动的意识，建立解决问题的督促机制、贴问题票及定期不定期的检查活动等都是比较有效的办法。

定期召集部门负责人在企业内各部门进行巡视检查，发现问题及时责令进行解决，事后对问题的解决情况进行跟进管理。这样可以让员工明确管理上存在哪些问题，对问题应该持有什么样的态度。长期坚持这样做，就能够形成良好的、积极的行动意识。

五、激活提案改善活动的原则

根据推进这项活动的实践经验，我们认为要激活一般提案改善活动还需要遵循以下几个原则。

（1）原则上不拒绝任何提案

任何提案，只要有积极意义都应该给予受理、评价和奖励，长期坚持这样做才能有效提高员工提案的积极性。

对那些毫无建设意义的建议可以拒绝，但是拒绝的时候应该对当事人进行必要的说明，并给予必要的指导。

(2)表扬和鼓励先进。

在任何一个分科的活动中，都要坚持以表扬为主的原则，让员工从表扬中体会到参与的成就感和工作的乐趣，激励先进员工更先进，也能够鞭策后进员工学习和仿效。

(3)评价、奖励工作高效及时。

评价奖励工作要高效及时，不能拖拉。道理很简单，因为只有这样做才能够让员工体会到他的提案受到了重视和关注。我们可以设想，当一个员工做了一件（小小的）好事，隔了半年之后才得到奖励情况会是怎样的情况。

(4)奖金一定要兑现。

对事先在奖励制度中约定的奖金一定要兑现，不能以任何形式和理由减少或克扣奖金。如果发现奖金额度设置不合适，就应该对相关的奖励制度进行调整。

(5)对后进部门和员工要给予必要的指导。

后进部门和员工之所以后进，主要有两个方面原因。一方面可能是认识问题没有解决，另一方面可能是对活动的方法掌握不好。聪明的领导者都应该清楚，这两个方面的问题都不是简单的批评和指责所能解决的。要改变现状，就要帮助他们分析活动推进不好的原因，让他们认识到改善的重要性，或者施以改善方法的教育，帮助他们改变现状。

(6)不指责员工的抱怨或要求型提案。

很多推进过这项活动的人有这样的体验，员工们提的建议都是一些要求或者对企业的抱怨，与期待的改善提案水平相去甚远。但是，作为管理者绝不可以因此就对员工的抱怨横加指责，而应该积极引导，教育辅导他们如何把抱怨变成提案。

从笔者长期推进这项活动的经验看，这是活动初期最常见的问题。这个时候，既不能指责员工提案水平的低下，又不能简单地默认这些提案而给予奖励，唯一能做的是告诉他们什么叫提案，用实例说明抱怨、要求和提案之间的区别。有这样一个例子，某企业在早期 TPM 活动推进过程中，经常收到类似改善食堂伙食的提案，提案是这样写的，如表 3－11 所示。

表 3－11　要求或抱怨式的提案

改善前	伙食不好，不合口味
改善后	建议食堂改善伙食
效　果	员工满意

这样一个改善提案应怎样处理？很显然，这就是一个抱怨或要求式提案，根本谈不上改善提案。我们找到该提案员工，告诉她这个提案只是要求而已，并不算是改善提案。但是，经过了解后我们发现，她对改善食堂还真有些见地，她说，公司四川人、湖南人那么多，来公司两年了还从来没有在食堂吃过辣椒，我们怎么吃得香？一句话听似抱怨，但她却说出了对伙食不满的深层原因，根据这个思路我们讨论到如何改善伙食的问题。

建议 1：每周规定至少有三天要做有辣椒的菜，但这样做有可能会影响广东本地员工的口味。

建议 2：能否在每一桌上放一小罐辣椒酱，由员工自主选择。

讨论至此，我们双方都豁然开朗，如果把这些方案写入改善提案书，再与总务部协商实施不就是一个很好的提案吗？

经推进部门协调，总务部门同意接受并实施了建议 2 的方案，员工们为此大为赞赏。

在推进人员的辅导下，这位员工把以上抱怨式提案内容进行了整理，其概要如表 3－12 所示。可见，抱怨与改善只有一步之遥，因此我们要以积极和包容的态度面对员工的抱怨。

表 3－12　一个很好的小改善提案素材

问题点	许多员工反映伙食不好，不合口味，吃不香，影响员工满意度
原因分析	企业内四川、湖南、江西等地的员工占员工总数的 60% 以上，他们有吃辣椒的习惯。但是公司食堂从来就没有做过有辣味的菜，所以他们不满意
改善建议	建议 1：每周规定至少有三天要做有辣椒的菜，但这样做有可能会影响广东本地员工的口味 建议 2：能否在每一桌上放一小罐辣椒酱，由员工自主选择
期待效果	满足更多人的需要，促进员工满意

最后，这位员工终于完成了如表 3－13 所示的改善提案，企业根据标准给予了 10 元的奖励。如此这般，改善活动推进人员及各个部门负责人，只要能够耐心地对员工进行类似的教育和辅导，提案质量的提升也就指日可待了。

表 3－13　一个关于改善伙食的小改善

个人改善提案表

<table>
<tr><td>姓　名</td><td colspan="4">张××</td><td colspan="2">部　门</td><td colspan="2">生产部门</td></tr>
<tr><td>课　题</td><td colspan="8">关于食堂伙食的改善</td></tr>
<tr><td rowspan="2">改善前</td><td colspan="8">问 题 点
许多员工反映伙食不好，不合口味，吃不香。影响员工满意度</td></tr>
<tr><td colspan="8">原因分析
公司内四川、湖南、江西等地的员工占员工总数的 60% 以上，他们有吃辣椒的习惯。但是企业食堂从来就没有做过有辣味的菜，所以他们不满意</td></tr>
<tr><td>改善后</td><td colspan="8">改善方案
改善方案 1：每周规定至少有三天要做有辣椒的菜，但这样做可能会影响广东本地员工的口味
改善方案 2：在每一桌上放一小罐辣椒酱，由员工自主选择</td></tr>
<tr><td>改善效果</td><td colspan="8">☐ 经总务部确认，选择方案 2
☐ 已实施
1. 有形效果：无
2. 无形效果：员工满意</td></tr>
<tr><td rowspan="2">评价</td><td>1 级</td><td>2 级</td><td>3 级</td><td>4 级</td><td>5 级</td><td>6 级</td><td>初评</td><td>认可</td></tr>
<tr><td></td><td></td><td></td><td></td><td></td><td></td><td></td><td></td></tr>
</table>

有一家企业，经营者独辟蹊径，号称用钱买抱怨（主要是工作上的抱怨），如表3－14所示，他把提案表一分为二。一线员工只要把工作抱怨写出来就行了，主管负责进行工作改善。改善的奖金由抱怨者享受。

表3－14　工作抱怨与改善表

工作抱怨与改善表

抱怨栏	（员工填写）
改善栏	（主管上司改善后填写）
效果评价	

流程：员工→直接上司→部门经理→推进办

六、提案活动激活程度的评价

如前所述，个人改善提案活动的最主要目的是激发员工的积极性，促进员工对活动的广泛参与，因此在这项活动中，我们所追求的并不是一般的有形经济效益（成本、效率等），而是员工有意识的积极行动。只要多数员工能积极投身这项活动，提案的数量能维持在较高的水平，那么浓厚的改善氛围就已经形成，改善革新的企业文化也就得以建立。

企业或部门的提案活动是否已经被激活，可以依据以下两个定量的指标来衡量，一个是月度人均提案件数，另一个是员工参与度。

(1) 员工参与度指标。

员工参与度是说明提案活动激活程度的一个重要指标。参与度的计算公式如下:

参与度 = (月度参与提案的人数/总人数) ×100%

很明显，参与度数值越大（越接近于100%），全员参与的程度就越大。

设想一下，某部门月度提案总件数为150件，员工人数为50人，那么人均件数达到3件，是一个了不起的数字。但是，如果所有的提案是由5名员工来完成的，员工参与度仅为10%，换言之90%的员工没有参与这项活动，这样的参与度与全员参与的初衷相去甚远。

我们说，改善活动的目标之一是追求全员参与，而个人改善提案活动是最能体现员工参与度的一项活动。因此，较高的参与度是我们追求和评价的一个重要指标。

(2) 人均提案件数指标。

人均提案件数是评价活动激活程度的重要指标之一。它的计算公式是:

人均提案件数 = 月度提案总件数/部门总人数

企业（工厂）或部门的改善提案（件数）越多，说明员工的问题意识和改善意识越强，就越能促进企业管理水平和员工工作能力的提高。员工对企业（部门）发展的广泛关注，是企业（部门）凝聚力的体现。

根据经验，就一个较大的组织来说，如果月度人均提案件数和参与度指标能分别维持在1件和50%以上，那么我们认为这个企业（部门）的改善活动已经被激活了。这里所指的维持有两方面的含义，一方面是指月度人均提案件数和参与度指标是在没有特别给予外力的条件下达成的，另一方面是指指标能延续较长一个时期（半年以上）而不至回落。

对于活动推进部门来说，使用图3－9所示的推移图的形式来长期跟进这两项指标，对持续开展这项活动很有意义。如果在图中发现有异常的振荡，特别是出现指标下降的情况，就要仔细研究问题到底出在哪里，并研究对策使指标回到上升通道中来，以保证活动的热度。

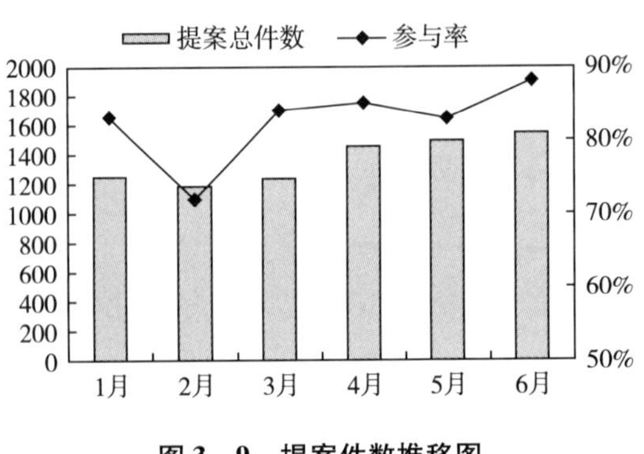

图3－9　提案件数推移图

如图3－9所示，员工参与率在2月出现了不正常情况，经确认是由于一批新员工的进入引起的，属正常波动。如果是非正常波动，那就要研究推动方法上的问题。

七、人性决定了改善活动必须经历三个阶段

改善提案活动的热度经常会出现反复，有时候高层抓得紧，人均提案件数就上去了，但是没过多久又下来了。这个问题困扰着很多推进者，为什么出现这种反复？又如何面对这种局面呢？

要回答这个问题，还要从人的行为特点进行分析。行为学研究发现，人（个人或集体）在面对新事物的时候，都会经历如图3－10所示的三个阶段，改善活动的推进过程也不例外。

第一个阶段是抗拒期，在此阶段，多数人（主观或客观地）是不能很好地接受改善活动的，只有少数人在强有力的推动下（向上的箭头），才

勉强提出一些提案。

第二个阶段是降服期，当推动力足够强大并持续一定的时间之后，人们（或多数人）在被动中接受这样一个现实，就放弃抗拒（降服于推动力），根据要求或随多数人一起提出改善提案。

第三个阶段就是我们要追求的主动活动期，在这个阶段，员工已经能从改善提案活动中充分体会到成就感和乐趣，他们能在没有或有很小外力要求的情况下主动参与活动。

了解了人的行为模式后，我们就能够理解为什么提案活动会经常出现反复了。可以设想一下，如果在抗拒期或降服期内推动力不够，提案件数将立刻降下来。因此，当面临这个反复的时候，要认真确认一下企业的改善活动到底处在哪个阶段，提案件数降下来的根本原因肯定是推动上出了问题，要么推动力不够，要么员工培训不够等。

成功的推进案例也告诉我们，一旦改善提案活动达到主动期之后，没有了强大的推动力也照样能够维持一定的提案件数水平。

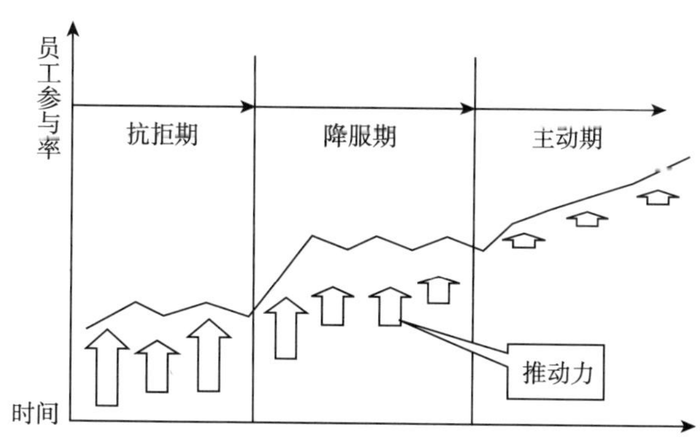

图 3－10　改善活动的三个阶段

5 认识管理中的问题点

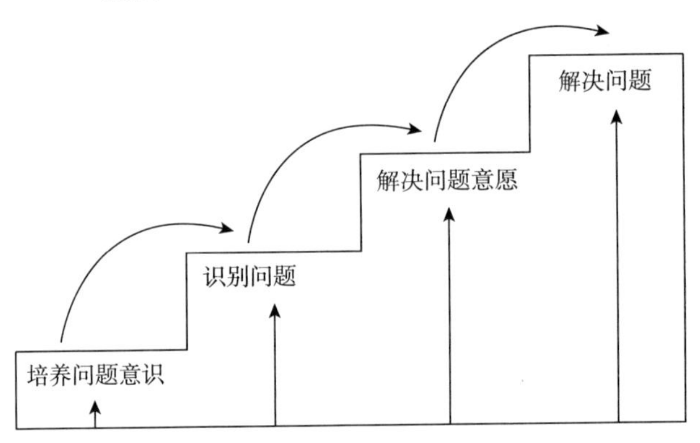

图3－11 培养问题意识

如前所述，培养员工的问题意识（如图3－11）和教会员工如何提出提案是激活改善提案活动的重要环节。因此，让员工学会认识管理中的问题也就显得特别重要。

我们可以肯定地说，任何一个企业都会存在大量的影响经营效益的问题。全面精益改善是一项持续追求零损耗的活动，我们必须让员工端正对存在问题的认识，并教会员工如何识别自己身边的问题，即帮助他们强化问题意识，提高他们发现问题的能力。一个人如果对周围的事物缺乏了解和认识，并安于现状，那么他就不可能发现身边的问题，也就不可能提出好的建议。

本节中，将着重介绍一些有代表性的问题，以便读者能举一反三，触类旁通。如果能用这些尺度去衡量你身边的工作和事物，你一定能发现，原来我们身边到处是问题，何愁找不到问题！

一、购买、使用方面的问题

购买、使用方面的问题如表 3－15 所示。

表 3－15　购买、使用方面的问题表

No	存在的现象（问题）	后　果
1	购买时未考虑使用量	购买量过多或太少
2	顺带购买	增加库存
3	认为购买量大会便宜些	同上
4	使用申请单及各类票据多	费用高、效率低
5	从价格较高的地方购买	支出大
6	无竞价机制	价格高
7	使用过多、过快	费用高
8	未用完的物品便废弃	浪费大
9	定期购买量未进行必要调整	库存量增大
10	购买、在库管理分散	库存多、浪费大
11	个人持有量多	浪费
12	购买之后未使用	浪费
13	库存量不明，无人管理	大量长期库存发生

二、物流、搬运方面的问题

物流、搬运方面的问题如表 3－16 所示。

表 3 – 16　物流、搬运方面的问题表

No	存在的现象（问题）	后　果
1	区域规划不合理	搬送距离长
2	搬送工具无定位管理	寻找搬送工具时间长
3	搬送工具等待时间长	效率低下
4	重复搬送次数多	效率低下
5	人工搬送多、距离远	浪费人工
6	容器、棚车太大或太小	装载、运送效率低
7	手工搬送物品重量过重	劳动强度过大
8	包装过剩	引起包装材料的浪费
9	单程空载或无目的运行	空搬系数大，效率低

三、作业动作方面的问题

作业动作方面的问题如表 3 – 17 所示。

表 3 – 17　作业动作方面的问题表

No	存在的现象（问题）	后　果
1	双手闲置、等待	人工浪费
2	单手闲置、等待	人工浪费
3	作业动作停止	人工浪费
4	作业动作过大	人工浪费、强度大
5	换手	人工浪费
6	步行	人工浪费
7	转身角度大	人工浪费、强度大
8	没充分进行并行作业	人工浪费
9	工作窍门不明	造成不良品或效率低
10	伸腰、提脚困难作业	人工浪费、强度大
11	弯腰、曲背困难作业	人工浪费、强度大
12	作业顺序不合理	人工浪费
13	作业要求不明确	造成不良品或效率低

四、加工作业方面的问题

加工作业方面的问题如表 3－18 所示。

表 3－18　加工作业方面的问题表

No	存在的现象（问题）	后　果
1	移动距离过长	人工和设备浪费
2	材料零部件半成品搬送多	人工和设备浪费
3	换模、准备时间浪费	人工和设备浪费
4	加工机械等待时间长	设备浪费
5	重复搬送、重复作业多	人工和设备浪费
6	选用的机械、工具不合适	浪费或不良品
7	加工机械空转时间多	设备效率低下
8	加工顺序不合理	设备效率低下
9	出货检查多	人工浪费
10	加工工艺制定时间过长	人工浪费
11	机械清扫、点检效率低	人工浪费
12	加工计划不合理	设备、人工浪费
13	加工条件不合理	加工不良品多

五、管理业务方面的问题

管理业务方面的问题如表 3－19 所示。

表 3－19　管理业务方面的问题表

No	存在的现象（问题）	后　果
1	有计划，不照计划执行	人工浪费
2	无目标地推进计划	人工浪费

续表

No	存在的现象（问题）	后　果
3	无计划进行	效率低
4	无目的地进行现状调查	效率低
5	现状调查时间过长、过多	人工浪费
6	未把握真正的原因前决策	效率低、人工浪费
7	无谓地记录一些数据	人工浪费
8	知道问题，但未及时处理	机会损失
9	业务顺序不明	效率低、易出现不良品
10	日常点检过多、过细	效率低、人工浪费
11	点检周期不合适，过频	同上
12	点检结果与行动脱节	效率低
13	会议多且长、会议无结果	人工浪费、效率低

六、事务作业方面的问题

事务作业方面的问题如表3－20所示。

表3－20　事务作业方面的问题表

No.	存在的现象（问题）	后　果
1	重复抄写	人工浪费
2	签字及确认程序过多	人工浪费、效率低
3	部门间文件传递慢	效率低
4	文件停滞、滞留时间长	效率低
5	找文件时间多而长	效率低
6	重要数据需要时才计算	效率低
7	文件多而重复	效率低
8	文件保管时间不明或过长	效率低、占用空间大
9	复印、发行多	效率低

续表

No.	存在的现象（问题）	后　果
10	文件不明造成不必要咨询	效率低
11	文件表格样式不规范	效率低
12	文件与实际工作不符合	效率低或引起不良品
13	个人持有文件多，未共享	效率低和浪费

七、安全及5S方面的问题

安全及5S方面的问题如表3－21所示。

表3－21　安全及5S方面的问题表

No.	存在的现象（问题）	后　果
1	消防通道不畅	安全性降低
2	消防设备维护不好	安全性降低
3	消防设备规划摆放不合理	安全性降低
4	地面、墙面脏污、油漆脱落	形象不好
5	机器设备有灰尘、脏污	影响设备状态
6	地面上、台面上乱摆放	效率低
7	墙面上有不规范张贴物	形象不好
8	良品和不良品没有标识	效率低、易出错
9	因故障损坏未及时修复	影响效率、质量
10	现场有引起事故的隐患	安全性低
11	有危害环境行为发生	损害企业信誉
12	未采取劳动保护措施	安全性低
13	对易燃、易爆品未特别管理	安全性低
14	有各种资源浪费现象	浪费大

⑥ 提案活动事例学习

一、提案活动管理标准范例

提案活动管理标准范例如表3－22所示。

表3－22　提案活动管理标准范例表

标准名：	改善提案奖励标准	编号：
分类：		

一、活动目的

改善提案活动是全面精益改善活动的重要组成部分，为了充分调动员工参与改善活动的积极性，改善企业经营体制，特制订本改善提案活动奖励标准。

二、适用范围和制订、改订权限

本标准适用于企业全体员工参与的改善提案活动。本标准由改善推进部门负责制订、改订，经改善活动委员会主任批准后实施。

三、奖励项目

（1）改善提案奖；

（2）部门月度平均提案件数奖；

（3）个人月度提案件数优胜奖；

（4）其他特别指定的奖项。

四、改善提案评分、定级及奖金标准

（1）提案评分、定级及奖金标准。

评分办法略（详见本章第三节表3－6）。

定级和奖金标准略（详见本章第三节表3－9）。

（2）部门月度人均提案件数奖。

当月部门人均改善提案件数最多的部门获奖，奖励金额为300元。

（3）个人月度提案件数优胜奖。

当月个人改善提案件数最多者获得奖励，奖励金额为150元。

（4）其他特别指定的奖项。

其他特别指定的奖项由改善推进办公室提出方案，经委员会批准后实施奖励。

五、提案格式

改善提案活动采用企业统一的提案表格（详见本章第三节表3－3和表3－4）。

续表

六、提案提交及处理流程

略（详见本章第三节图 3－4）。

七、提案资料的记录和保存

提案原件由各所属部门编号保存，推进部门保存三级以上提案的复印件并进行登录管理。

八、本标准的生效

本标准经改善委员会主任签字后生效。

制改订	时　间	改订理由	签　字
制订	2013 年 12 月 1 日	／	
改订 1			
改订 2			

二、优秀改善案例解说

以下是在企业辅导过程中接触到的一些具体的有代表性的改善提案事例，稍作解说并与读者分享。图 3－12 是两张改善提案的照片。出于为客户保密的考虑，本节中的事例采用了简化处理的手法进行描述。

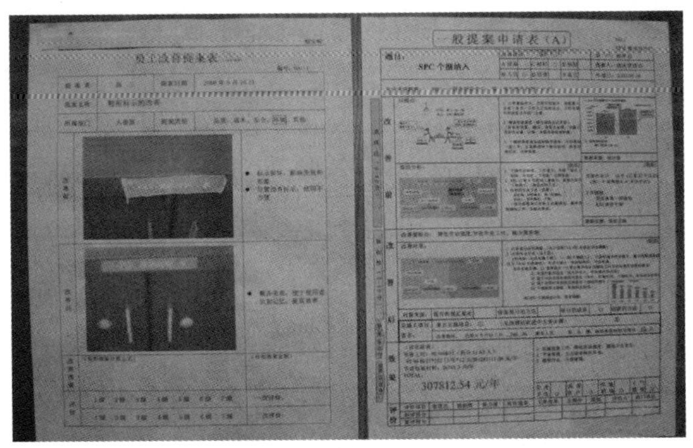

图 3－12　改善提案的实物图片

事例 1 为线脚剪切作业改善，具体如表 3－23 所示。

表 3－23　个人改善提案表

<table>
<tr><td>姓　名</td><td colspan="3">张××</td><td colspan="2">部　门</td><td colspan="3">生产部门</td></tr>
<tr><td>课　题</td><td colspan="8">线脚剪切作业改善</td></tr>
<tr><td>改善前</td><td colspan="8">（问题点）
现状：
PCB 板过焊之后，需要剪去线脚。剪下的线脚会不规则飞散，有时飞入产品，造成产品不良反应</td></tr>
<tr><td>改善后</td><td colspan="8">（改善方案）
改善的方案：
做一个防护容器，让剪切作业在容器内完成。剪下的线脚不会飞散，而集聚在容器内</td></tr>
<tr><td>改善效果</td><td colspan="8">□已实施
1. 有形效果：
提高品质，具体没有核算
2. 无形效果：
没有线脚飞散，环境整洁</td></tr>
<tr><td rowspan="2">评价</td><td>1 级</td><td>2 级</td><td>3 级</td><td>4 级</td><td>5 级</td><td>6 级</td><td>初评</td><td>认可</td></tr>
<tr><td></td><td></td><td></td><td></td><td></td><td></td><td></td><td></td></tr>
</table>

事例 2 为打印机色带的再利用，具体如表 3－24 所示。

表 3－24　个人改善提案表

<table>
<tr><td colspan="2">姓　名</td><td colspan="3">张××</td><td colspan="2">部　门</td><td colspan="2">生产部门</td></tr>
<tr><td colspan="2">课　题</td><td colspan="7">色带重复利用的改善</td></tr>
<tr><td colspan="2">改善前</td><td colspan="7">（问题点）
现状：
生产用色带打印之后废弃，每年使用 600 个，费用 = 600 × 500 = 30 万元</td></tr>
<tr><td colspan="2">改善后</td><td colspan="7">（改善方案）
改善的方案：
色带打印一次之后，可以翻过来再用一次，一个当两个用</td></tr>
<tr><td colspan="2">改善效果</td><td colspan="7">□已实施
1. 有形效果：每年节省金额 = 300 × 500 = 1.5 万元
2. 无形效果：废弃物减少一半</td></tr>
<tr><td colspan="2" rowspan="2">评价</td><td>1 级</td><td>2 级</td><td>3 级</td><td>4 级</td><td>5 级</td><td>6 级</td><td>初评</td><td>认可</td></tr>
<tr><td></td><td></td><td></td><td></td><td></td><td></td><td></td><td></td></tr>
</table>

事例 3 为标贴张贴效率改善，具体如表 3－25 所示。

表 3－25　个人改善提案表

<table>
<tr><td>姓　名</td><td>陈××</td><td>部　门</td><td>物流部门</td></tr>
<tr><td>课　题</td><td colspan="3">标贴张贴效率的改善</td></tr>
<tr><td>改善前</td><td colspan="3">（问题点）
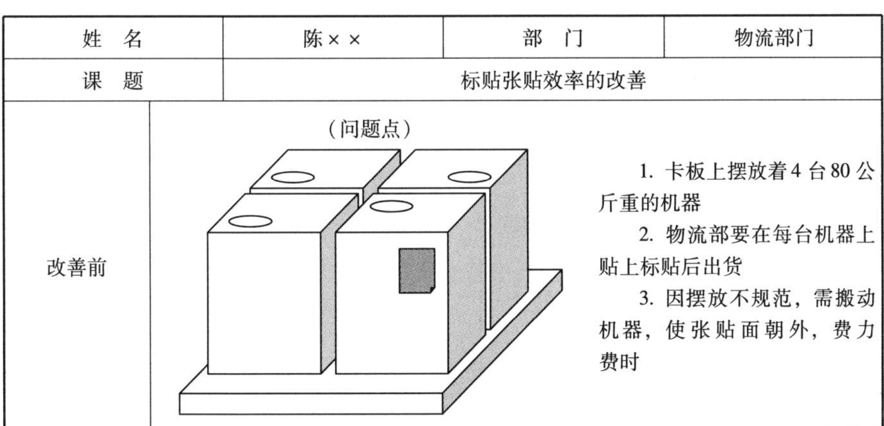
1. 卡板上摆放着 4 台 80 公斤重的机器
2. 物流部要在每台机器上贴上标贴后出货
3. 因摆放不规范，需搬动机器，使张贴面朝外，费力费时</td></tr>
</table>

续表

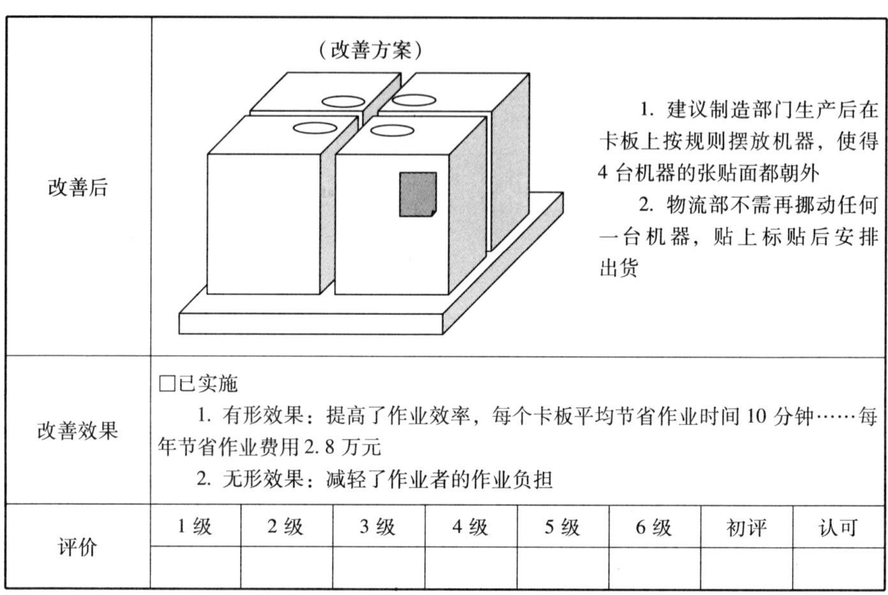

改善后	（改善方案） 1. 建议制造部门生产后在卡板上按规则摆放机器，使得4台机器的张贴面都朝外 2. 物流部不需再挪动任何一台机器，贴上标贴后安排出货							
改善效果	□已实施 1. 有形效果：提高了作业效率，每个卡板平均节省作业时间10分钟……每年节省作业费用2.8万元 2. 无形效果：减轻了作业者的作业负担							
评价	1级	2级	3级	4级	5级	6级	初评	认可

事例4为节电改善提案，具体如表3-26所示。

表3-26　个人改善提案表

姓　名	王××	部　门	设备部门
课　题	节能降耗改善		
改善前	（问题点） 问题（能源浪费）： 一个大的区域只设一个开关，只要有一个人或一台机器工作，这些灯会全开		
改善后	（改善方案） 改善方案： 将区域细分成若干适当的部分，局部的人员或机器工作时，只开局部的灯		

续表

改善效果	□已实施，可推广 1. 有形效果：节省电源，节省电费（假定：一年50次，区域共300支，每次少开2/3）=100瓦×200支×10小时×50天×1元/1000=10000元 2. 无形效果：节能改善还有益于环保，有利于员工环保意识的培养							
评价	1级	2级	3级	4级	5级	6级	初评	认可

事例5为调色工作效率的改善，具体如表3-27所示。

表3-27　个人改善提案表

姓　名	李××	部　门	打样部
课　题	调色作业效率提升改善		
改善前	（问题点） 调色板 1. 人工调色通常需要8～12次才能成功。调色板只有两个网眼，一次成功调色，需要冲洗4～5次调色板 2. 效率低、溶剂浪费大		
改善后	（改善方案） 新调色板 新调色板有12个网眼 使用新调色板，一次成功调色只需清洗一次		
改善效果	□已实施　　□可推广 改善效果： 1. 省去了清洗调色板的时间，可提高作业效率20% 2. 每次清洗用溶剂30克，经估算每年节约溶剂××吨，换算成金额为5万元 3. 有利于提高员工调色技术		

评价	1级	2级	3级	4级	5级	6级	初评	认可

第四章
绩效管理
不等于绩效考核

寓言故事：绩效管理不等于绩效考核

有这样一则现代管理寓言，话说刘翔成功之后，亚洲人感到十分骄傲，特别是中国人，开心不已，因为这意味着中国人不仅站起来了，而且还“跑起来了”。一时间，专家学者们从不同角度对刘翔进行研究，并提出了各种“成功”学说。

有专家说，经过对刘翔身材的分析，发现他具备了优秀短跑运动员的最好条件，上下半身的比例、大腿小腿及脚板的尺寸等都正好合适。因此，要培养出第二个刘翔来，就必须从选材开始，以刘翔身体的比例做一个“能力素质模型”，只要找到了合适的人，你就成功了。

又有专家发现，对刘翔的所向披靡起到关键作用的是卓越计时方法，因此有专家开发出了一套“雷达测速法”。这套方法的好处在于能够精确测定运动员的速度（误差在0.01秒以下），并且能够在跑步者之间比较接近的时候进行有效辨识，保障对跑步者的公平评价和奖罚。专家们认为，运用这套方法并辅之以相应的奖罚，将极大地提高中国各短跑运动队的积极性和能力水平。其他好处远不止此。

一时间，各运动队纷纷花钱请专家帮助引进这套“雷达测速法”。可是用了一两年之后，运动队队员的成绩并没有因此提高。花钱引进这套方法的运动队管理者开始议论纷纷，但至今还没有搞清楚，到底是专家忽悠了自己，还是自己没有用好这套方法。

把这则寓言套用在许多企业的绩效考核上，读者大概就会明白，我们为什么在绩效考核上花费了巨大的精力，却在经营绩效提升方面收效甚微。

据某权威杂志报道，前不久，国内某著名管理学院通过问卷调查发现，中国企业管理者对企业管理的关注点集中在绩效管理上，这个调查得出的结论本身并不存在问题，因为国外的管理者也一定会有同样的看法。问题是许多管理者包括一些专家学者错误地以为绩效管理就是绩效考核，或者说是把绩效管理异化（简化）为绩效考核，把经营绩效提升的愿望寄托在绩效考核上。

企业绩效考核系统已经成为一座围城，没有做的企业看到“绩效考核系统”被一些人描绘得很美，有几分羡慕；做了的企业才知道导入这一套系统确实“方便”了人力资源部门的工作，考核有了可操作的量化指标，但经营绩效并没有因此得到提高，甚至造成员工抱怨不断，因而又有几分困惑。

将绩效管理简化为绩效考核的企业绝对不在少数，这些企业做绩效管理的模式大致是这样的：

（1）年初决定目标（数字分解），或者由部门负责人签订目标责任书；

（2）年底评价绩效，并根据评价结果决定奖罚。

这样做绩效管理，对经营绩效提升的帮助相当有限。这与寓言中的情况十分相似，无论测速人如何努力和测速方法如何改进，选手的成绩也不会因此轻易提高。要提高选手的比赛成绩，关键不在测速方法，而在于是否有优秀教练采用各种有效的方法激发选手的热情，并进行严格甚至是残酷的训练（绩效经营），选手自己也需要开动脑筋，对训练过程中发现的问题进行及时的改善（绩效改善），比如最近的鞋子有点打脚，是否需要换鞋。

可见，企业绩效管理的重点不在绩效考核，而在绩效经营和绩效改善两个方面。

1 用焦点课题改善来提升经营绩效

用焦点课题改善来提升经营绩效具体如图4－1所示。

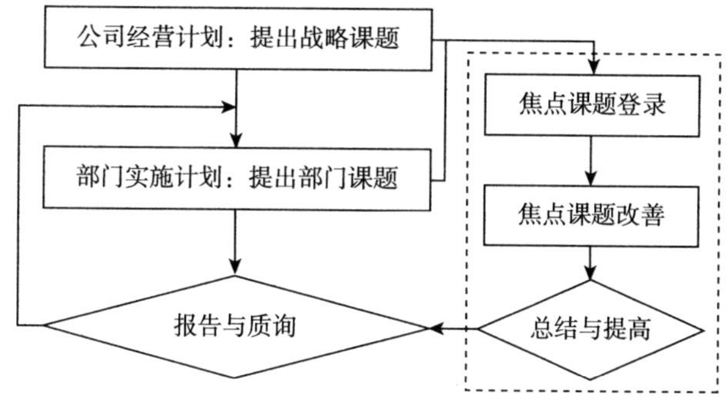

图4－1 用焦点课题改善来提升经营绩效

一、目标指引下的焦点课题改善活动

（一）何谓管理焦点

管理焦点是企业目前最值得关注的问题，通常可从以下三个方面予以理解：

（1）经营者最关注的事项；

（2）企业发展所面临的瓶颈事项；

（3）客户关注和要求的事项。

总之，管理焦点就是目前企业的管理重点，是企业管理者首要关注的问题。可见管理焦点通常也是方针目标管理的重点课题。

（二）目标指引下的焦点课题改善

为了提升企业经营绩效，卓越企业的经营者通常会运用方针目标管理方法来展开以下经营管理活动：

（1）发掘组织使命，形成企业基本经营方针；

（2）确立企业发展中、长期目标；

（3）层级分解和确立年度或半年度主要目标和战略课题；

（4）共同协调商定部门具体目标；

（5）上下协同商讨目标实现的方案及措施；

（6）实施跟进与结果反馈；

（7）基于绩效的评价与反省。

这是企业自上而下的核心管理活动，对企业焦点问题的解决起着重要的推动作用。也就是说，企业上下会在目标的指引下开展工作。但是，如果企业员工缺乏良好的训练，解决问题的意识不足，或者不懂得解决问题的工具和方法，即使承受着巨大压力，焦点课题也得不到有效解决，绩效提升就没有了保障。

因此，开展目标指引下的焦点课题改善活动，可以有效保障企业焦点课题的解决，并有效保障经营业绩的持续向好。

（三）焦点课题改善的内容

所有直接或间接地改善企业经营管理（开发、设计、生产、销售）过程Q（品质）、C（成本）、D（交货期）、S（安全）、M（员工精神面貌）的有计划的课题改善活动，我们称之为焦点改善活动。

即：Total Profit Maximization.

从较高的层面即比较宏观地看企业的改善课题时，焦点改善活动有以下多个方面的改善内容：

（1）生产效率改善；

（2）品质改善；

（3）成本改善；

（4）交货期及周期改善；

（5）安全、卫生及环境改善；

（6）初期管理改善；

（7）间接部门的效率改善；

……

表4-1所示的是这几个方面一些较具体的课题。

表4-1 焦点改善活动的课题

改善活动类别	主要改善课题
一、生产效率化改善	设备效率改善
	劳动生产率改善
	材料等投入损耗低减
二、品质改善	慢性不良低减
	检查效率改善
	供应商品质改善支援
三、成本改善	各类损耗低减
	失败成本降低
四、交货期改善	计划达成率改善
	生产周期缩短
五、安全、卫生及环境改善	垃圾分类处理和资源再利用
	节能降耗活动
	事故、灾害扑灭活动
六、初期管理体制建立	产品的初期管理
	设备的初期管理
	设计及导入周期缩短
七、间接部门的效率改善	购买周期短缩
	零部件、产成品库存低减
	事务效率提高
	消耗品低减
	管理费用低减

由于课题改善活动的具体改善办法会有些相似，考虑到篇幅的限制，下面就表4－1中各主要课题改善的内容做一些概要性的说明。

二、生产效率化改善

生产效率化改善就是将投入（人、材料、设备、能源等）控制在最小值，并获取最大产出量的过程，即最大限度地提高生产过程的附加价值，降低生产制造成本。

为了达成以上目的（增加产出量和降低成本），需要从生产产品的质量和数量等方面着手进行改善。具体措施有：

（1）改善设备效率的活动；

（2）提高劳动生产率的活动；

（3）降低生产过程中各类消耗（品质、材料、工具、能源等）。

由于生产效率提升改善具有比较典型的意义，在下一章中将做详细的叙述。

三、质量改善活动

质量改善活动有以下几个大的课题需要进行对策。

（一）产品质量改善活动

TPM中的质量改善活动目标就是要不断追求不良品为零，即不良率的持续降低。

要有效开展质量改善活动，需要做好以下5个方面的工作：

（1）条件设定：生产过程中避免产生不良品的条件设定。

（2）条件确认：对设定的条件依据规定的时间要求进行确认。

（3）控制基准值：通过将设定条件的基准值维持在合理范围内，达到预防不良品产生的目的。

（4）预知不良品发生：观测设定条件基准值的变动情况，预知不良品产生的可能性。

（5）未然防止对策：在问题发生之前采取对策。

质量改善活动的成功做法很多，如品质预测改善活动，即在产品投产之前分析所有生产工序中需要保障的（良品）特性值与4M（Man、Machine、Material、Method）之间的关系，预测那些可能对产品质量造成不良影响的要素，并事先采取有效措施（防呆、纠错、提示、警告、检查等方法），防止生产过程中品质问题的发生。

（二）检查效率的改善

我们常说，产品的质量是通过严格的生产控制过程创造出来的，而不是检查出来的。由于对生产制造过程缺乏信心，或者说经常有不良品的产生，为防止不良品流入下一道工序或流出工厂，才追加了（甚至不断追加）各种检查或测试，从这个意义上说，检查工作本身就是一种浪费。怎样减少过多的检查和测试是这个活动需要不断研究和解决的课题。

（三）供应商质量改善支援活动

供应商进行的零部件生产是产品生产链中的重要环节，提升供应商的质量管理水平是提高自身产品质量的重要部分。在这方面，一些大企业正在付诸实践并在提高零部件质量和降低生产成本上取得了成功。

同时，帮助供应商改善零部件质量，也是提高检查效率最有效的方法之一。

四、安全卫生及环境改善

追求作业环境改善及灾害、事故为零是这方面改善活动的主要目的。当然，对如今的企业来说，除了改善设备的运行条件和员工的工作环境之外，更重要的是持续改善企业和员工的环境行为，以减少企业经营过程中对地球产生的环境负荷。

（一）事故、灾害扑灭活动

安全管理是保障正常生产活动的基础。

在所有的生产系统中，都或多或少地隐藏着引发事故、灾害的因素，而事故、灾害往往都是一些不起眼的问题积累的产物。图4－2是灾害或事故发生的机理示意图，理解它可以帮助我们更好地开展事故、灾害扑灭活动。

建立能预防事故、灾害产生的机构（在设备或场所设置报警、提示及纠错装置等）；禁止不安全作业（行为），并通过建立有效的监督检查机制（管理），将事故、灾害控制为零。

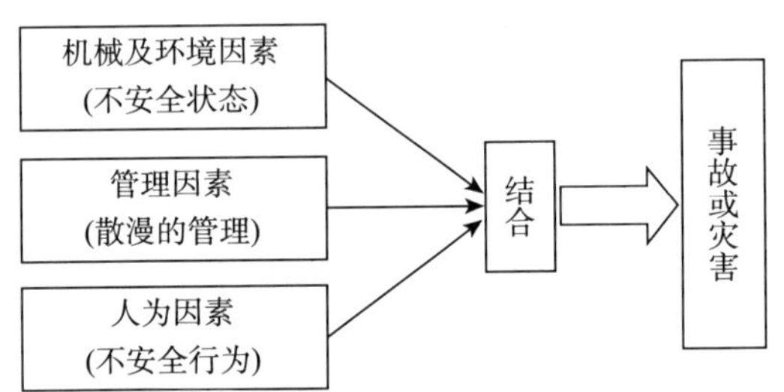

图4－2　事故、灾害发生的机理

（二）环境改善活动

环境改善活动主要包括两个大的方面：

（1）生产、工作环境的改善。通过员工自己动手，创造整洁有序、温馨明快的环境。这项活动与自主管理的追求是一致的。

（2）预防污染、节省能源、减少废弃物、资源再利用等。比如创建“零垃圾工厂”活动，就能以焦点改善的形式来推进。

环境改善活动已经成为21世纪企业和市民实现社会价值的重要课题。为了进一步减轻生产经营活动给地球带来的环境负荷，一项以创建无垃圾工厂为目标的环境改善活动正在受到世人的推崇和关注。

五、初期管理体制的建立

21世纪的经营环境正在发生深刻的变化，顾客和市场需求的多样化进一步发展，产品生产的小批量多品种化及产品寿命的缩短，都对我们的初期管理活动提出了新的要求。

初期管理的主要目的就是通过对设计开发及生产工艺设定过程进行改善，建立高效的初期管理系统，从以下三个方面改善企业的经营体制。

（1）产品设计的初期管理。

产品设计的初期管理是指实现易于制造又不易产生不良品的产品设计过程。如何将顾客的需求（使用的方便性需求）和生产现场的问题（生产的方便性和质量保证上的需求）反映到设计工作中去是初期管理的重要内容。

（2）设计开发及生产技术的初期管理。

设计开发及生产技术的初期管理指的是通过生产技术革新，缩短从产品开发设计到产品批量生产之间的时间，达成新产品的垂直导入（即在极短的时间内完成新产品的试验，并快速开始批量生产的活动），减少机会损失。

（3）设备的保全预防设计。

初期管理的另一个方面是设备的保全预防设计，使设备便于在使用中保养维护。

六、间接部门效率改善

所谓间接部门是指那些不直接参与生产活动的部门，间接部门的效率改善活动可以参考生产部门的改善活动进行。间接部门改善活动的目的主要有两个方面：

（1）追求间接业务的效率化，充分发挥赋予各部门的组织机能。

（2）培养具备维持和改善业务效率化体制的人才。

培养间接部门人才就是提升员工信息收集、消化处理的能力及相关的业务能力，培养多面手。

而业务体制改善主要从两个方面着手：一方面是减少投入的各类事务损耗，创造高依赖度、低成本的事务体制；另一方面是消除阻碍生产系统效率化的因素，充实和强化业务机能。

此外，间接部门的改善活动还包括员工提案活动和自主保全活动，这些活动应该和现场活动同步进行。

❷ 焦点课题的定义与成果评价

何为好课题，如表4－2所示。

表4－2　好课题的定义

定义好课题可以做到事半功倍

好课题的特点	好课题的意义
1. 目标清晰合理，可量化	1. 有积极的导向作用
2. 与企业经营密切相关	2. 能提升企业经营绩效
3. 期望的改善效果大	3. 成员可以体会成就感
4. 难易度与成员能力相当	4. 有利于成员意识和能力提升
5. 周期在3～6个月之间	5. 值得企业其他成员效仿

课题的好坏直接关系到改善的成败和效果，所以定义课题的时候建议与相关方特别是上级领导进行充分的交流

企业现在面临什么样的课题，经营者或管理者必须要有清醒的认识，而且不同时期，企业需要解决的问题也可能是不同的。

寻找和定义课题的方法有很多，我们不仅可以从管理及目标体系中找出改善课题，还可以从日常管理的问题中找出课题。在我们的身边，课题是大量存在的，但是也不要因为有众多的课题而束手无策，要根据经营和管理的需要，及对现场、现物进行的实际分析，确定改善的重点，找准改善的对象，展开有效的改善活动。

一、从管理体系看管理课题

企业的经营管理活动是一项复杂的系统工程，图4－3是一张管理活动

结构图。在经营管理活动中主要涉及两方面的管理：一方面是资源（即投入）的管理；另一方面是过程及产出的管理。

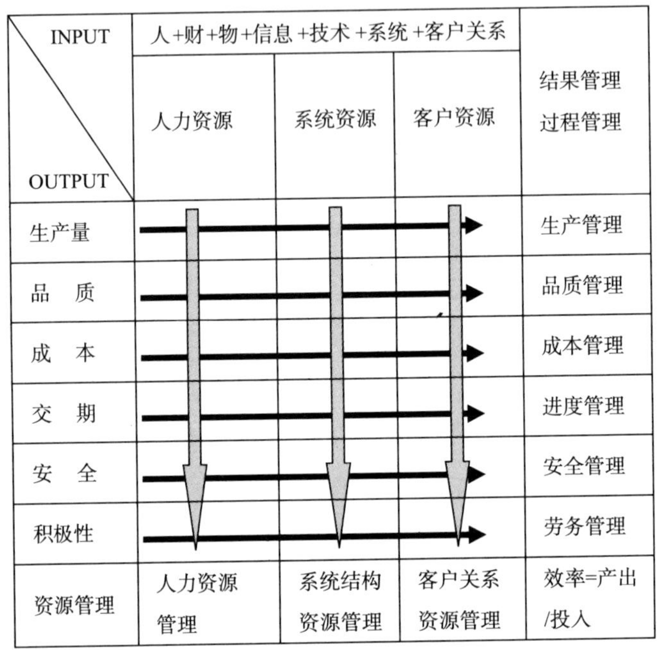

图4－3　管理结构图

图4－3告诉我们，所有的管理都可以分为投入管理、过程管理和产出管理等几类，而这些管理的最终目标都是使最后的产出与投入比（效率）最大化。主要管理活动如表4－3所示。

表4－3　主要管理活动一览表

	管理科目	主要内容
资源管理类	人力资源管理	员工的考核、选拔、聘用，员工的培训、任用、评价
	物料管理	物料购买管理，物料的存量管理
	财务管理	预算管理，成本核算和控制
	设备管理	设备完好状态的保持，设备投资的评价和控制
	客户资源管理	客户服务，客户满意度
	系统资源管理	各类管理系统的维护和改善

续表

	管理科目	主要内容
过程及产出管理类	生产管理 P	生产计划控制，对客户承诺生产量的管理
	质量管理 Q	投入和产出质量的控制，工作过程质量的控制
	交货期管理 D	对客户承诺交货期的控制，工作过程中交货期的管理
	成本管理 C	生产成本的控制，管理和销售成本的控制
	员工管理 M	劳务（福利待遇纪律）管理，员工士气管理
	安全环境管理 S	安全卫生管理，企业、员工环境行为管理
流程管理类	流程时间管理	作业周期管理，作业、物品交货期管理
	流程价值管理	浪费控制和管理

二、从倾听和工作结果中发现问题

具体如表 4 -4 所示。

表 4 -4　从倾听和工作结果中发现问题

	方法	要点
从倾听中发现问题	通过与上司沟通、交谈，发现问题	指出工作中的问题，及上司对解决问题效果的期待 不仅能发现问题，而且还能通过确认上司对问题的看法，理解自身责任的大小
	发现工作以外的问题	可以让员工就共同关心的问题发表看法 可以自由发言，锻炼员工的表达能力，体会沟通的乐趣
	头脑风暴	不加限制地提出尽可能多的问题 对类似问题进行分类
从结果中发现问题	从数据中发现问题	在日常管理活动中注意保留必要的管理数据（推移图等） 从推移图中的异常变动（过高、过低等）中发现问题
	从前后工序的投诉或要求中发现问题	虚心听取前后工序的投诉或要求 分析投诉或要求的原因，并从中发现存在的问题
	从上一次活动结果的反省中发现问题	某一个课题结束了，并不意味着所有问题都得到有效的解决 残留的问题及改善引起的副作用都是值得反省和需要改善的问题

三、从目标入手发现问题

具体如表4－5所示。

表4－5　从目标入手发现问题

	方法	要点
从目标入手发现问题	质量的维持和改善（Quality）	工程内不良品减少
		减少人为错误
		减少品质异常
		减少工序或客户投诉
		减少装配不良问题
		作业指导书改善
		质量保障工程能力改善
		问题再发防止
		初期不良品的减少
	成本的减低（Cost）	经费削减
		材料、零部件损耗低减
		降低购买单价
		缩短作业时间
		人员削减
		设备效率、利用率提高
		减少不良品和修理时间
		材料利用率提高
	生产量和交货期改善（Delivery）	增加单位时间生产量
		严守交货期
		减低库存量
		在库管理精度提高
		场所布局的改善
		改善生产计划的进度管理
		迟交货问题的改善
		停线时间减少

续表

	方法	要点
从目标入手发现问题	改善员工精神面貌（Moral）	环境的美化
		提高员工提案参与率
		人员的合理配置
		培养员工的问题意识、品质意识
		加强团队建设
		个人能力的提升
		建设有活力的工作现场
	安全的保障（Safety）	保障工作场所的安全
		灾害、事故减少
		消除一切安全隐患
		加强整理、整顿
		加强安全管理

四、从4M入手发现问题

具体如表4-6所示。

表4-6　从4M入手发现问题

	方法	要点
与4M相关的问题	机械和工夹具（Machine）	特性和稳定性问题
		点检保全工作的不足
		故障的发现和处置
		5S活动水平
		工夹具交换时间的把握
		工夹具的改善
	材料、零部件和产品（Material）	特性值及保管状态
		规格的符合性

续表

<table>
<tr><th></th><th>方法</th><th>要点</th></tr>
<tr><td rowspan="15">与4M相关的问题</td><td rowspan="4">材料、零部件和产品（Material）</td><td>品质保证</td></tr>
<tr><td>不良品的处置</td></tr>
<tr><td>材料、零部件供应商的变动</td></tr>
<tr><td>材料、零部件批量管理</td></tr>
<tr><td rowspan="6">测量、检查和工作方法（Method）</td><td>测量器具特性值管理</td></tr>
<tr><td>测量误差</td></tr>
<tr><td>测量方法的管理</td></tr>
<tr><td>作业标准的维护</td></tr>
<tr><td>作业标准的改善</td></tr>
<tr><td>作业环境的整备</td></tr>
<tr><td rowspan="5">作业员工（Man）</td><td>作业者的经验、技能</td></tr>
<tr><td>工作分配的合理性</td></tr>
<tr><td>作业者的健康状态</td></tr>
<tr><td>作业者的品质意识</td></tr>
<tr><td>作业者的工作态度</td></tr>
</table>

五、从部门损益表中发现问题

具体如表4－7所示。

表4－7 从部门损益表中发现问题

生产部门收支情况（单位：元）		金额占比	备注说明
名义销售1	2000000	50.00%	
名义销售2	2000000	50.00%	
部门销售总额A	4000000	100.00%	
材料成本1	1500000	42.86%	
材料成本2	1000000	28.57%	材料2用量异常

续表

生产部门收支情况（单位：元）		金额占比	备注说明
××费用	500000	14.28%	××费用占比升高
yy 费用	300000	8.57%	
电费	80000	2.29%	
水费	70000	2.00%	
其他（不含人工）	50000	1.43%	
支出总额 B	3500000	100.00%	
附加值 A－B	500000	/	
人均产出附加值	25000	/	

六、决定课题的优先顺序

在找出了问题点之后，就要对问题进行分类整理，并决定解决问题的先后顺序。通常我们可以根据问题的重要性、紧迫性、可行性和期待效果等来决定课题的优先顺序，表 4－8 就是一个决定课题优先顺序的例子。

表 4－8 决定课题的优先顺序

评价 课题	评价项目（5 分制）				得分	顺序
	重要度	紧迫性	可行性	效果		
1. D 产品品质改善	4	4	2	3	13	2
2. A 线生产效率提升	5	4	4	4	17	1
3. F 区物流效率改善	3	3	3	2	11	3

当然，在选择课题的时候，还应该注意以下几条：

（1）选择课题时要注重实效。

与其选择一些看似很重要但问题模糊不清的课题，倒不如选择一些较小的但是有紧迫性和实际意义的课题。这样做的好处是显而易见的，后者更能取得有效的改善成果，不仅能很好地服务于企业的经营活动，而且能使参与员工体会改善的成就感。

（2）选择的课题难度要与改善的能力相适应。

选择的课题太难，一方面很难求得问题的解决，而且容易伤害参与员工的自信心。选择的课题太容易，不能激起参与员工的改善热情，员工能力又不能得到有效的提升。

（3）课题的大小和课题改善的时间长度要适中。

要尽量避免选择那些需要很长时间才能见效的课题，特别是在改善活动的初期，这样的课题不利于培育员工参与改善的积极性。一般来说，选择1到3个月就可以见效的课题较为合适，最长也不要超过半年。某些作为企业重要的经营课题不在此列。

当然，在改善活动的不同时期，选择课题时需要考虑的因素会有些不同。如表4－9所示，改善活动的初期与有一定改善实力之后的情况作比较，它们之间的区别也是比较容易理解的。

表4－9　不同时期选择课题的要点

改善活动的初期	具备一定改善实力之后
1. 员工身边的小问题 2. 尽量选择那些比较有共性的问题 3. 选择具体而简单的问题 4. 短时间容易见效的问题 5. 注重改善手法的学习，体验改善的乐趣，而不要过于追求效果	1. 从工作上较大的问题中选择课题 2. 可以选择比较个性化的问题 3. 从分析中寻找效果大的问题 4. 追求课题改善活动对企业方针和经营目标达成的贡献

七、改善成果评价与指标体系构建

（一）改善课题与部门的关系

一般来说，在企业经营方针或企业经营计划中会对企业的经营目标有所阐述，只要在研究企业方针和计划的基础上就可以大致了解企业的重要课题。

焦点改善活动可以贯穿企业管理的所有方面，特别是那些与企业经营管理直接相关，又直接影响企业竞争力水平的课题，都是焦点改善活动的重要部分。

焦点改善活动是涉及企业内所有部门的活动，为了集中企业（人力、物力）资源解决那些最重要的问题，企业可以根据某一阶段的需要来决定改善的主攻目标和改善活动开展的优先顺序。

由于这些改善课题通常又都是跨部门存在的，如表 4 - 10 所示，就是焦点改善活动课题与各职能部门之间的相关关系。

表 4 - 10　改善课题与部门的相关关系

部门 / 项目	检查	设计和技术	制造	间接
生产效率改善	□	□	◎	□
品质改善	◎	○	○	○
安全、卫生及环境改善	○	○	○	◎
初期管理改善	□	◎	○	□
间接部门效率改善	○	□	□	◎

注：1. ◎ 课题主导部门；○ 课题相关部门；□ 相关性不大
2. 所谓间接部门，就是那些不直接创造产品价值的部门，如人事、行政、总务、计划、采购、财务等

可见，焦点改善活动的课题都是一些与企业经营活动、事业计划密切相关的内容，但是我们说事业计划和改善课题又是有区别的，改善课题是对事业计划的一种承接，不能等同。

事业计划主要是指经营者对企业将来经营活动内容进行的规划，比如新产品的开发、营销渠道的建立、设备的投资及管理系统的导入等。而改

善课题大多是指那些对工作方法进行改进，及通过工作方法的改进改善企业经营业绩的内容，如提高效率、降低成本、节能降耗等。

正因为这样一些大的课题是跨部门的，所以用指标分解的形式来界定不同部门的改善效果就显得十分重要。

（二）改善活动成果指标体系化

效率改善活动与企业经营效益密切相关，有效把握效益改善活动对经营效益的影响，建立一套清晰量化的活动成果指标体系很有必要。这套体系不仅能让我们很好地评价课题改善的成果，反过来，我们可以通过这个指标体系指导和安排进一步活动的计划和目标。

图4-4是降低生产制造成本活动的成果指标体系图。

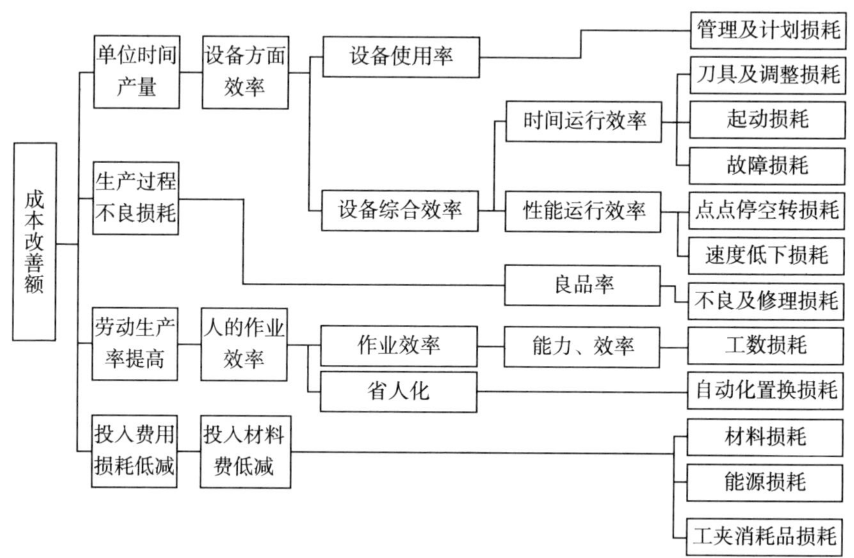

图4-4　效率改善成果指标体系图

运用这个指标体系图，一方面可以对持续开展的改善活动进行规划，即将大目标细化到各个小指标，并决定具体项目的负责人和推进计划；另一方面，可以通过这张体系图具体评价某一分项目课题对达成整个课题目标的贡献度。

任何一项大的改善课题都可以建立一个如图 4-4 所示的指标体系图，用来指导、计划和评价改善活动及改善活动的成果。

3 焦点课题改善的 PDCA 方法

PDCA 与 SDCA 管理循环如图 4－5 所示。

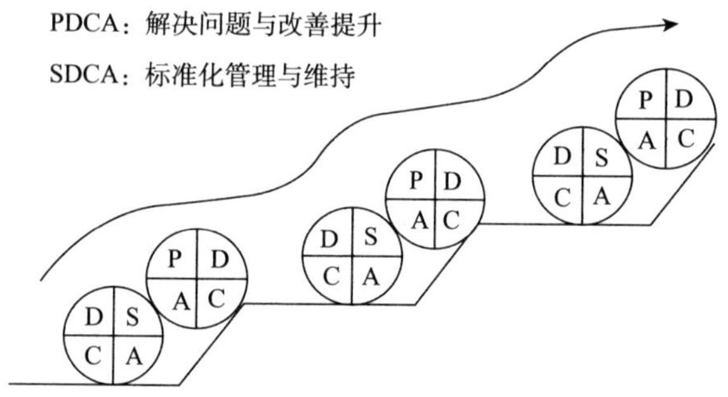

图 4－5　PDCA 与 SDCA 管理循环图

一、PDCA 与 SDCA 管理循环

在管理活动中，有两个经典的管理循环需要进行说明。了解这两个管理循环，可以帮助我们深层次地认识改善活动及标准化工作在管理活动中的重要性。

（一）PDCA 循环（改善提升）

图 4－6 所示的 PDCA 是一个管理循环，更是持续改善过程中需要遵循的一个原则。只有持续转动这个循环，管理水平才能得到持续不断的提高。

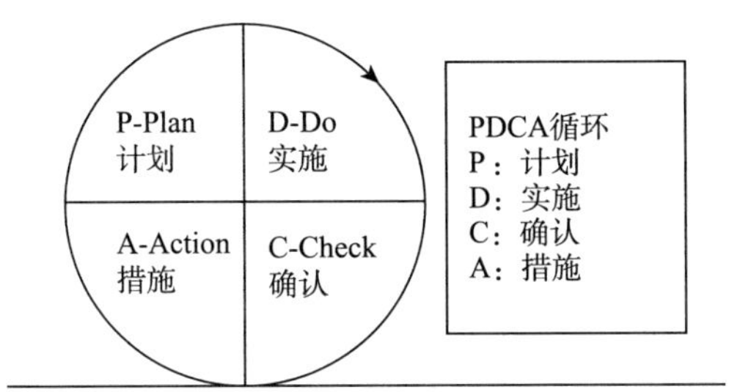

图 4－6　PDCA 循环

（二）SDCA 循环（标准化维持）

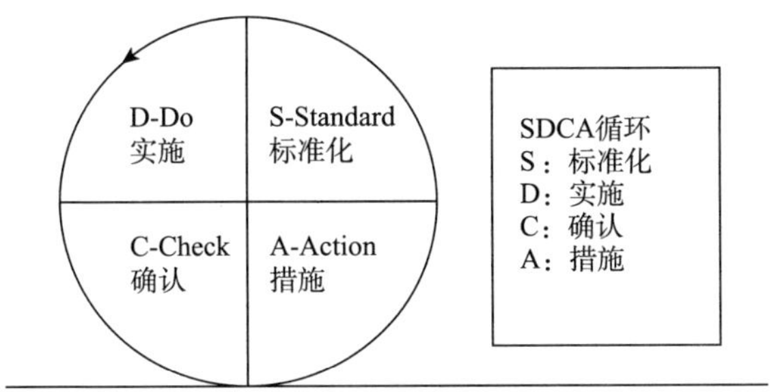

图 4－7　SDCA 循环

图 4－7 所示的 SDCA 循环是一个标准化维持的过程，要使管理或改善的结果维持在一个较高的水平，就必须对工作过程进行标准化管理。

（三）改善提高与标准化维持之间的关系

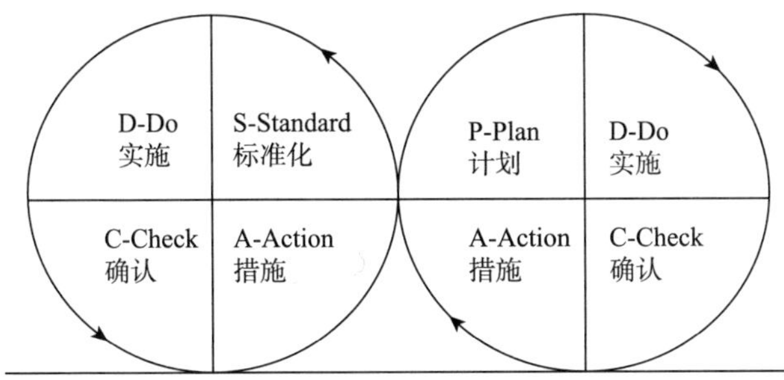

图 4－8　改善和维持之间的关系

如图 4－8 所示，PDCA 循环和 SDCA 循环是管理活动中相辅相成的两个方面。如果没有或忽视了 SDCA 循环（维持和标准化管理），PDCA 循环（改善提升）的成果将得不到有效的坚持，原来的问题有可能再度发生。相反，如果没有 PDCA 循环（改善提升），SDCA 循环就只能维持现在的管理水平，而无法求得管理水准的提升。

因此，在企业内有效建立和运行这两套机制是提升企业竞争力水平的关键。

二、解决问题八步法

如图 4－9 所示，PDCA 循环可以分解成解决问题的八个步骤。这八个步骤也是我们解决问题和改善活动的一个基本程序，只要能严格依据这个程序去解决问题或开展改善活动，就能取得良好的效果。

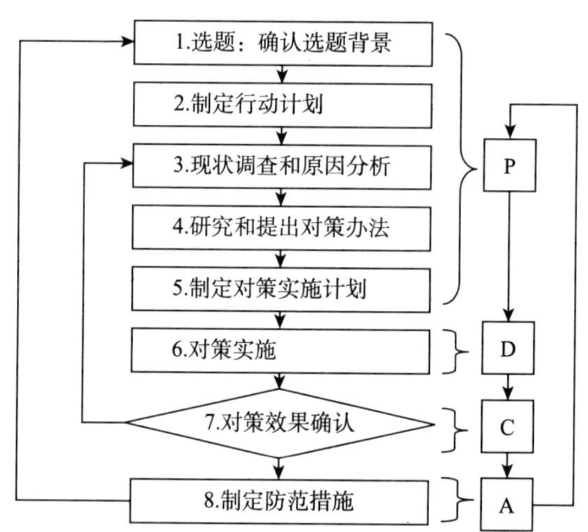

图 4－9　PDCA 循环的分解图

PDCA 循环及改善活动八步骤的具体内容如表 4－11 所示。

表 4－11 问题解决八个步骤

步骤		项目	具体内容
步骤一	P	选择改善课题的理由或背景	从问题中选择希望解决及那些迫切需要解决的问题 明确解决问题的目的
步骤二		决定行动计划和改善目标	制定活动大计划 确定推进负责人和活动成员 确定适当的活动目标（有时目标需要在步骤三或步骤四中提出） 设定的目标既要现实可行，又要有挑战性
步骤三		现状调查和原因分析	选择与课题目的相关的特性值 记录和调查特性值的表现形式 根据分析提出引起特性值变动的原因 识别那些与特性值变动相关性较高的原因
步骤四		研究改善方案	针对主要原因，提出具体的改善方案
步骤五		制定改善实施计划	制定改善实施计划 确定具体实施责任人
步骤六	D	实施改善方案	实施对策方案
步骤七	C	对策效果确认	对策效果的确认
步骤八	A	制定防范措施	制定防范措施 制定或改订标准

4 焦点课题改善的项目管理

项目管理如图4－10所示。

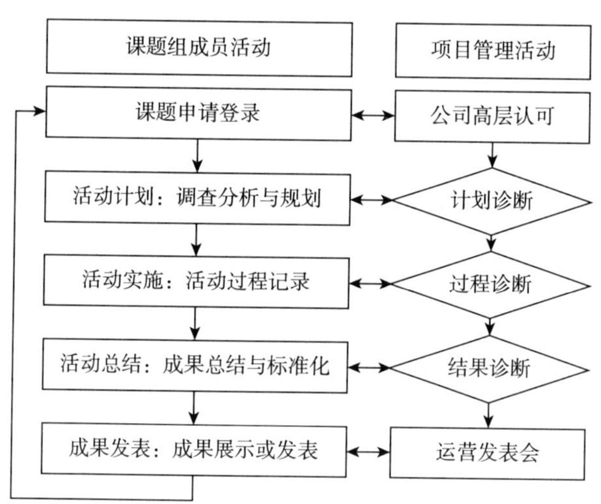

图4－10　项目管理示意图

一、焦点课题改善的项目管理

（一）焦点课题改善项目管理的基本程序

要推进焦点改善活动，首先要对企业及部门的现状进行认真的分析和把握，并在此基础上开展活动。一般来说，焦点改善活动的主要内容如表4－12所示。

表4－12 焦点课题改善活动的主要内容表

	内　容
1	制作企业或部门的损耗构造图，确定各个损耗项目的内容并给予具体的定义
2	根据损耗项目的定义，整理现有各种有关损耗的记录数据。很多情况下是没有记录的，这时重要的是安排人员对生产活动中各种浪费的数额及引起的原因进行登记记录
3	具体分析过去的记录数据（损耗的数额、金额及造成损耗的原因或现象），并根据损耗项目决定改善的课题，进行课题申报和登录
4	针对每一个已登录的改善课题，具体指派课题推进的负责人和参与者组成课题组，约定活动的目标和大计划
5	由课题组负责人召集组员一起，研究课题的具体推进，决定具体的活动方法、活动目标、活动计划、活动进度等
6	由课题组组员分头或一起，研究问题发生的原因及对策和方案
7	实施对策，并定期跟进活动和进行进度管理
8	结果的总结和发表会的召集

（二）焦点课题改善的项目管理

要使焦点课题改善真正为企业经营服务，就必须开展有效的项目管理，否则焦点改善将虎头蛇尾，没有或少有结果。许多企业的经营者抱怨，年初向各个部门布置了任务，部门管理者也信誓旦旦地表明要做改善，而到了年底却拿不出结果。就笔者了解的情况看，绝大多数情况下是由于企业缺乏有效的项目管理手段造成的。

所谓的项目管理，就是要求改善推进办成员协同内部或外部专家（有相当改善技巧的专业人士），对各个焦点课题组的改善活动展开不间断的诊断和跟进服务，及时辅导课题组成员分析问题和解决问题，为实施进行必要的培训。焦点改善项目管理的内容和目的如表4－13所示。

表4－13　焦点改善项目管理的内容和目的表

诊断和跟进内容	目的或作用
申报认可	由企业领导对部门提出的课题申请进行签字认可，增强焦点改善活动的使命感
计划诊断	由推进办成员或专家对项目组分析问题和提出改善方案的过程进行辅导，必要时培训或教授必要的分析工具
过程诊断	由推进办成员或专家对项目组成员具体实施改善的过程进行辅导，并根据要求对活动中的重要事物和数据等进行记录
结果诊断	改善措施实施完毕后，由推进办成员或专家辅导项目组成员进行改善成果的总结，必要时培训或教授成果总结和报告的具体手法
发表会	由推进办成员协同专家，规划和实施焦点课题改善成果发表大会

可以想象，如果没有手把手地跟进服务和诊断辅导，放手让一个没有改善经验的团队去解决跨部门的课题是不会有好的结果的。因此，只有请外部顾问，或者着力培养企业内部顾问，或者领导自己转换角色履行起顾问的职责，才有可能使焦点改善活动真正取得期望的成效。

表4－14是某跨国企业焦点改善活动运营方法。

表4－14　某跨国企业焦点改善活动运营方法

某跨国企业焦点改善活动运营方法
（1）推进责任：TPM推进室设一专职干事负责项目管理 （2）课题登录：每半年每部门申报两个课题 （3）部门责任：部门经理是对项目负责，并由其授权项目组长具体负责项目的推进和实施 （4）活动频度：每课题每周报告一次实施状况，由内部或外部专家对项目进展状况实施诊断（跟进服务和指导） （5）报告会：每半年召开一次企业焦点改善发表大会

二、课题申报和登录管理

课题申报和登录管理也要分两个或两个以上层面进行。首先是企业重要经营课题的提出，如降低生产成本、管理费用低减、改善顾客满意度等都是企业重要的经营课题。其次是根据经营课题的要求进行具体改善课题的申报和登录管理，那些宏观的或者涉及两个以上部门的活动课题属于此列。表4－15是一张大课题登录表的范例。

表4－15　大课题登录表

课题	负责人	活动目标	达成时间
1. 提高设备运行效率改善	张	提高35%	2013年6月
2. 零部件库存低减	刘	库存量从15日减至8日	2013年6月
3. 垃圾分类和资源再利用	王	100%分类达成，再利用95%	2013年6月
4. 慢性不良率降低	陈	降低50%	2013年6月
……	…	…	…

最后是部门一级的课题登录，部门一级的课题既可以是某个大课题之下的分课题，也可以是本部门独有的课题。

为了让课题登录本身具有更加神圣的使命感，最好的做法是，要求部门提出课题申请，经公司总经理认可后实施。这样做的好处在于变被动（被上司或公司要求做）为主动（我要做）。

课题登录申请表如表4－16所示。

表4－16　课题登录申请表

改善课题登录申请表

表格号：TPM003

部门		课题组长	
小组成员			
课题名称		执行期限	年　月　日至 年　月　日
课题分类	□效率　□成本 □品质　□安全 □环境　□士气	关联部门	

续表

<table>
<tr><td colspan="3">1. 选题的背景</td><td colspan="6">2. 改善的目的</td></tr>
<tr><td colspan="9">3. 课题的现状</td></tr>
<tr><td rowspan="2">4. 活动步骤</td><td colspan="2">月</td><td colspan="2">月</td><td colspan="2">月</td><td colspan="2">月</td></tr>
<tr><td>上</td><td>下</td><td>上</td><td>下</td><td>上</td><td>下</td><td>上</td><td>下</td></tr>
<tr><td>①课题的选择</td><td></td><td></td><td></td><td></td><td></td><td></td><td></td><td></td></tr>
<tr><td>②制定行动计划</td><td></td><td></td><td></td><td></td><td></td><td></td><td></td><td></td></tr>
<tr><td>③ 现状把握、原因分析</td><td></td><td></td><td></td><td></td><td></td><td></td><td></td><td></td></tr>
<tr><td>④提出对策方案</td><td></td><td></td><td></td><td></td><td></td><td></td><td></td><td></td></tr>
<tr><td>⑤⑥对策计划和实施</td><td></td><td></td><td></td><td></td><td></td><td></td><td></td><td></td></tr>
<tr><td>⑦效果确认</td><td></td><td></td><td></td><td></td><td></td><td></td><td></td><td></td></tr>
<tr><td>⑧总结和标准化</td><td></td><td></td><td></td><td></td><td></td><td></td><td></td><td></td></tr>
<tr><td>⑨发表会</td><td></td><td></td><td></td><td></td><td></td><td></td><td></td><td></td></tr>
<tr><td colspan="3">5. 期待效果（改善前填写）</td><td colspan="6">6. 改善效果（改善后填写）</td></tr>
<tr><td colspan="3"></td><td colspan="6"></td></tr>
</table>

<table>
<tr><td>填 写 人</td><td>审　核</td><td>部门承认</td><td></td><td>公司领导认可</td></tr>
<tr><td></td><td></td><td></td><td>⇨</td><td></td></tr>
</table>

三、课题任务的落实

大课题与小课题之间，事实上存在着直接的或间接的关联，小课题的累积可以使大课题的目标渐次达成。

做好课题登录管理工作固然重要，然而，更重要的是把企业和部门登录的课题落实到生产及管理的第一线。否则，再好的课题管理都将得不到期待的结果。

要进行有效的落实，重要的是将某一较大的课题分成难易度不同的几个部分，并结合员工的能力和专业进行课题的分配。

表4－17是一个大的改善课题具体落实到个人或班组的范例，从表中可以看出，只要小课题的目标能有效达到，大课题的目标也就达到了。

表4－17　课题分配表

主题	课题类别	具体的小课题	改善担当
提高设备运行效率	减少异常停线时间	点点停时间低减	某班组长
		故障时间低减	某主管
		不良品停线时间低减	某主管
	减少速度低下损耗	起动时速度低下改善	某技术小组
		品种切换速度低下改善	某科长
		个人差异速度低下改善	某科长
	减少计划及其他损耗	品种切换次数合理化改善	某计划科长
		新设备高效导入改善	某技术科长
		刀具寿命延长改善	某技术主管

四、课题改善活动的计划

好的开始是成功的一半，没有好的活动计划，那么课题改善活动将停留在课题登录水平上。

每一个课题改善活动都要制作一个详细的活动计划，制作计划一般遵循如图4－11所示的步骤进行。

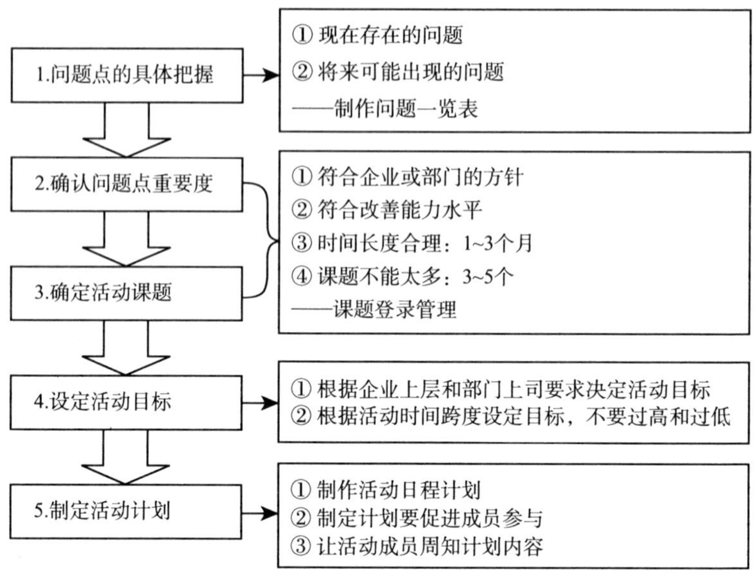

图4－11　改善计划的制定流程图

五、焦点改善活动的进度管理

进度管理可以有各种不同的模式。如定期确认会、揭示板的运用等。可以运用其中的一种或将数种方法结合使用。

（一）定期确认会

通常可以以每周一次或者每月一次的课题实施确认会的形式进行。在确认会上，由部门负责人向上一级领导或经营者汇报重点实施项目和改善课题的实施情况，再由与会人员对目标的达成、方法的妥当性、下一步该怎么办等进行评估和沟通，有时还要给予必要的指导，并在后续的工作中提供有效的支援。

确认会还应该要求报告部门事先认真地进行书面总结，说明改善计划的实施状况、跟进指标的表现、遇到的困难、对前一段工作的反省及下一步的工作计划等。

要使确认会卓有成效，企业高层及专家（提供专业的指导）的参与至关重要。

（二）课题揭示的形式

根据企业的情况还可以采取其他有效的跟进办法，如将大的经营课题及其进展情况进行揭示，督促部门、课题组或个人按计划推进改善工作。

每个课题的推进一般都要经过如表 4－18 所示的一些过程。对每个过程的实施和完成进行有效的跟踪是促进改善活动持续推进的好办法。

表 4－18　课题进度管理揭示板

课题进展		课题定义	改善计划	现状分析	目标设定	改善方案	实施计划	方案实施	效果确认	总结发表
课　题	负责人									
1. ×××	张	○	○	○	○	○	○			
2. ×××	王	○	○	○	○	○	○			
3. ×××	程	○	○	○						
……										
注：○表示已通过确认完成的部分										

从表 4－18 可以看出，管理者对各个课题的进展情况了如指掌。同样，企业高层对课题进展情况的持续关注是使这个揭示板发挥作用的首要条件。

（三）课题改善发表大会

很多企业经营者抱怨，企业每年对各个部门领导都提出了具体的改善目标和要求，但很少能如愿获得成果。是因为奖罚的力度还不够，抑或是这些部门领导水平太差？笔者认为都不是，原因是缺少让员工不得不做的机制。在运营课题改善的实践中，我们发现了一个促进课题组开展工作的绝佳方法，那就是课题改善发表大会。事先给课题组准备好庄重的发表会舞台，是督促和激励员工参与改善的诀窍之一。

笔者的一位企业家朋友经营着一家有数千员工的工厂，还因为个人对文艺的热爱，运营着一个近 100 人的文工团。他几乎把所有时间都用在了工厂上，但工厂管理却混乱不堪，自己也苦不堪言；而对文工团关照不多，文工团的管理却有条不紊，经常在市级和省级文艺会演中获得佳绩。问题到底出在哪里？我和他一起进行了探讨，发现他在管理文工团和管理工厂的过程中，有很多不同的地方，最突出的表现是他在两个领域中扮演着不同的角色。

我向他提出了两个问题，第一个问题是："每一次文工团重要（汇报）演出的时候，你在哪里？"回答是确定的，那就是在台下的第一排观看演出，并给予表演者最热烈的掌声。每一次表演结束后，尽管文工团成员前一段的训练很累，她们却感动不已，而且暗暗下定决心，接下来要更努力地排出更好的节目，迎接下一次重要的演出。第二个问题是："每一次工厂管理年度总结的时候，你在哪里？"回答也是肯定的，那就是高高地坐在了主席台上，居高临下地发表演说，而员工却坐在台下观看老板的"演出"。两种管理的不同在于把舞台给了不同的人。

后来这位朋友在 3A 企业管理顾问团队的辅导下，彻底改变了做法，每半年召开一次总结发表大会，让那些在管理改善中做出成绩的员工走上了神圣的舞台，展示管理改善中的优秀做法和业绩，自己坐在台下的第一排，以欣赏演出的目光关注一线员工在舞台上的出色表演。简单的换位，换来了巨大的激励效果。

六、课题完成度水准评价

评价效率改善活动推进的水平，主要从课题完成度的高低来评价，课题完成度高就意味着焦点改善活动水平高。表 4 – 19 就是一张评价课题完成水平高低的评价清单，借助于它，我们可以较方便地确认课题推进的效果，也就较容易把握焦点改善活动推进的水平。

表 4 – 19　改善课题完成度水平评价清单

	项　目	内　容
1	课题设定的有效性	1. 课题选定时，目的是否明确 2. 课题的大小是否合适 3. 与企业、部门方针计划的关联性如何
2	现状分析的水平	1. 现状分析的指标与目的的关联性 2. 管理指标推移情况是否明了 3. 是否从不同侧面对指标进行了分析 4. 是否了解管理指标的偏差情况 5. 是否区别对待，现状把握与原因分析
3	目标设定的合理性	1. 目标是否有挑战性 2. 目标指标是否明确，表现形式是否易懂 3. 设定的目标期限是否适当
4	分析能力	1. 是否充分列明与指标相关的原因 2. 对原因是否进行了必要的筛选 3. 对筛选后的原因是否进行了调查验证 4. 对调查清楚的事项是否进行了总结
5	对策研究和实施有效性	1. 针对筛选后的原因是否制定了有效的对策，对策项目是否整埋成表 2. 对实施的对策是否进行了具体描述 3. 是否清楚各对策项目的有效性
6	效果是否有效确认	1. 改善效果是否得到确认 2. 目标值是否得到满足 3. 是否明了对策措施的效果 4. 对策措施有无其他不良影响
7	标准化能力	1. 是否实施标准化 2. 是否通过教育培训做到 3. 维持改善效果的方法是否已经决定 4. 效果的维持是否能够得到确认

七、为什么说改善是无止境的

一般来说，改善活动是一个不断深入、持续推进的过程。由于主客观条件的限制，不同的阶段，我们采取的改善方法可能不尽相同。

在改善活动的初期，最常见的情况是问题随处可见，企业上层不满意，员工也有怨言。这时候，体现在管理现场上，我们可以看到一些很直观的现象，只要你关注身边所发生的一切，你很容易就能发现存在的问题。如，物品多且乱堆放，现场杂乱无章，人员无谓走动，员工三五成群，或聊天或无所事事，明显的无动作空闲，设备经常停止等。

在这个阶段，如果企业的高层有强烈的改善意识，能关注这些问题并持续督促有关人员限时进行整改，问题就能得到一定程度的解决。为什么很多情况下却做不到这一点？这大概就是缺乏对问题的认识或者有认识但缺乏行之有效的办法。

这时，我们建议通过推进5S活动或其他基础改善活动来求得问题的解决和改善。我们常说，5S活动是开展效率改善的基础和前提，说的就是这个道理。

在5S活动和其他基础改善活动取得成效之后，我们就很难发现那些显而易见的问题了。要在5S活动的基础上进行进一步的改善，就不得不借助于一些更高级的改善工具。如，PM分析法、IE（工业工程）手法及VA（价值分析）手法等，这些都是用来系统解决焦点改善课题的有效办法。

在这个阶段的改善活动取得成效之后，也许有人会认为问题已经彻底解决，不用再进行改善活动了。但是，我们说改善并没有结束，因为事物或工作（4M）总是发展变化的，某一时段的改善都有其局限性，只要事物或工作依然存在，我们就要不断改善。表4－20是一个检查效率持续改善的事例。

表 4－20　检查效率持续改善的事例

改善步骤		改善方法	问题点改善	效果及反省
1	改善前		1. 检查台布局不合理 2. 现场脏乱差现象严重 3. 人员无谓走动多且无序	
2	一次改善	5S 活动	1. 进行整理整顿清扫活动 2. 检查台、工具台重新进行布局	1. 现场管理秩序改观 2. 效率提高 8% 3. 但是坐式检查效率低
3	二次改善	改变检查方法	1. 立式检查 2. 加快动作速度	1. 效率提高 10% 2. 检查台至工具台之间距离远，走动多
4	三次改善	检查工具摆放方法改善（转盘）	1. 工具摆放改善 2. 检查人员只要转动转盘即可拿到需要的工具	1. 效率提高 15% 2. 能否取消检查
5	四次改善	源流保证	通过源流保证审核的供应商，其零部件取消检查	效率提高 100%

有人会问，干吗不一次到位取消检查呢？事情并没有那么简单，由于主观的（没想到）、客观的（想到了但做不到，即条件不成熟）因素影响，很多时候改善活动只能循序渐进地进行。

5 焦点改善制度样例

案例：某跨国企业焦点改善项目管理制度概要

推进责任：改善活动推进办设一专职干事负责项目管理

课题登录：

(1) 每半年每部门申报两个课题。

(2) 部门责任：部门经理对项目负责，并由其授权项目组长具体负责项目的推进和实施。

活动频度：每课题每周报告一次实施状况

报 告 会：每半年举行一次全公司焦点改善发表大会

督导责任：连续两周没有进展的，部门经理需要对项目进行一次现场督导。

如此循环往复，企业管理绩效就能够得到持续提升。

表4－21只是一个基本框架，读者可以在此基础上根据自身企业特点对运营细节进行完善。

表4－21 焦点改善活动管理标准

<table>
<tr><td rowspan="2">标准名</td><td rowspan="2">焦点改善活动管理标准</td><td>制定部门</td><td></td></tr>
<tr><td>编　　号</td><td></td></tr>
<tr><td colspan="4">一、目的
为焦点课题小组完成课题提供科学的途径、评价和激励课题活动，确保TPM课题改善活动持续有效开展。</td></tr>
</table>

续表

二、适用范围

本标准适用于×××公司所有部门。

三、焦点课题的对象

焦点改善课题可以涉及成本、安全、交期、品质等各个管理领域，与企业经营活动密切相关。焦点改善既可以由部门内团队独自组成小组开展改善活动，也可以组成跨部门小组开展改善活动。

活动期限一般在3到6个月之间。

四、职责

(1) 总经理。根据企业经营方针和目标，提出年度经营课题，授权各有关部门开展焦点课题改善活动，对课题活动提供必要的资源支持；出席课题总结发表大会。

(2) TPM委员会主任。制定和审批各种TPM课题活动制度，确认课题评分结果，批准获奖名单，为活动提供各种资源，确保活动顺利开展。

(3) TPM活动推进办。负责课题的前期总体策划，确保课题活动的有效开展，运营课题月度报告会和公司课题发表大会。

(4) 部门负责人负责提出课题意向、课题申请，任命课题组长，向课题组及时提供各种所需资源，监督课题进度。

(5) 课题组长。负责课题小组的组织和协调，组织课题组成员定期碰头，研究解决方案，确保课题小组成员按计划有效实施改善，负责课题改善活动的总结工作。

五、焦点改善项目管理

(1) 课题申报与登录。部门根据公司经营计划，向TPM推进办提出《课题申请书》，TPM推进办归总和审核后提交总经理认可。

定义课题时，应使用统一的格式：×× ○○ □□，以此来明确课题的目的。

怎样（改善）→ ××

要改善的对象 → ○○

要解决的问题 → □□

例：提高－打印机－印刷质量；降低－光学件－废品率等。

(2) 部门内课题跟进。部门经理和课题组长必须及时跟进各课题的进展。

(3) 课题进度督导会议。TPM推进办每月召开一次课题进度督导会，由各课题组长就课题的进展情况进行说明。

六、课题的总结、发表与奖励

(1) 课题的总结。

所有课题必须在半年内完成，不管是否取得期望的效果，都需要按推进办要求的格式进行总结，填写《课题申请表》的结果栏，并做成PPT发表文件。

(2) 课题发表大会。

公司每半年召开一次课题发表大会。每个部门必须通过内部发表等形式选取一个能够代表部门水平的课题，推荐到企业发表大会上发表。

(3) 奖励。

公司可以组成评审小组，对在公司发表会上发表的课题进行评分，得分高的依次获得金、银、铜奖。金奖600元、银奖400元、铜奖200元，并颁发金、银、铜牌。

七、优秀课题的展示

公司将根据情况，将各部门的优秀课题案例进行展示，或制成案例集。

第五章
生产效率化

❶ 如何提高生产效率

一、生产效率改善的基本思路

生产效率就是生产活动中产出和投入的比值。管理和改善的目的是要将必要的投入量控制在最小，而取得最大的产出。换句话说，管理和改善活动的目的是尽一切可能降低生产成本，提高生产活动的附加价值。

在企业管理中，所有的产出不外乎两方面的内容，一方面是数量意义上的成果，如生产量、成本等；另一方面是产品和技术质量意义上的成果，如质量等。因此，为了提高生产效率，就必须从开展质量和数量两方面的管理改善活动着手。

（一）提高生产量和减少投入量的活动

（1）**设备效率化活动**。提高设备效率，使设备在单位时间内的产出量最大化。

（2）**人的效率化活动**。通过设备的改进、工艺技术水平的改善来提高人均生产台数或生产量，或者通过作业改善和自动化、少人化活动，达到提高生产效率的目的。

（3）**计划及管理效率化活动**。为了保证生产活动的顺利进行和提高生产效率，要进行最合理的生产计划、调度及材料采购工作，并将物流方面的损耗降到最小。

（4）**物料等投入管理效率化活动**。有效控制和减少材料、工具、能源的投入量，将它们的损耗降至最少。

（二）提高产品品质活动

通过提高产品品质稳定性，减少生产过程中不良品的产生，减少由不良品造成的返工及修理损耗，从而达到提高生产量的目的。

用表5－1可以很清楚地描述生产效率化各个部分的含义。产出数量的最大化、投入数量的最小化、产品和技术质量的改进最终都是为效率的提升和成本的降低服务的。

表5－1　改善项目与期待效果的对应关系

	改善的着眼点	改善的效果体现	
1	减少设备效率损耗	提高设备利用率	效率提高和成本降低
2	减少人工损耗	提高劳动生产率	
3	减少管理损耗	改善生产管理	
4	减少不良品的产出	提高产品质量的稳定性	
5	减少由于不良品修理造成的损耗	提高生产直行率	
6	减少不良品废弃的损耗	生产及制造成本降低	
7	减少材料工具能源损耗	降低生产成本	

总之，改善管理、提高效率和降低损耗会增加生产活动的附加价值，增加企业经营效益。

二、影响生产效率的16大损耗

影响生产效率的因素在本书中称之为损耗。损耗的种类有许多，不同的行业及不同的企业，其内部存在的损耗也不尽相同。就生产加工型企业来说，一般存在如表5－2所示的设备、管理、材料及人员四个方面的16大损耗。

本节将对生产加工型企业的16大损耗进行说明，具体如表5－2所示。

表5－2 影响生产效率的16大损耗

损耗分类		损耗项目
一	设备方面的7大损耗	1. 故障损耗
		2. 安排及调整损耗
		3. 刀具、刃具损耗
		4. 投入或启动损耗
		5. 短时停止和空转损耗
		6. 速度低下损耗
		7. 不良品及不良品修理损耗
二	管理及计划方面的损耗	8. 计划安排上的损耗
三	人员方面的5大损耗	9. 管理损耗
		10. 动作损耗
		11. 生产组织损耗
		12. 搬运损耗
		13. 测量及调整损耗
四	材料投入等的损耗	14. 材料投入损耗
		15. 工夹具损耗
		16. 能源损耗

（一）设备方面的七大损耗

1. 故障损耗

由慢性或突发性故障造成的损耗叫作故障损耗。如果对故障的理解不明确的话，就会造成对故障损耗理解的偏差。所谓故障，可以作以下定义。

故障就是伴随着功能的停止或降低，为了使功能恢复和复原，需要实施零件交换和修理的过程。一般来说，修理或恢复时间在5分钟以下的情况除外。

有些故障是突发性的，原因易于查找也便于后续的对策。也有些故障是慢性的，它频繁发生，但又很难找到根治的办法，这类故障很多都被长期搁置。任何一家企业都或多或少地存在这个问题，而且它在故障的总量上又占有很大的份额。

TPM 活动的目的是追求故障和损耗为零，这就需要我们改变从前那种“故障是不可避免”的错误认识，通过各种有效的办法和途径，如自主保全活动等来达到减少故障的目的。

2. 安排及调整损耗

在产品 A 生产结束，向产品 B 切换或过渡的过程中，产出完全满足质量要求的 B 产品之前所耗费的时间，我们叫作安排及调整损耗。比如，注塑加工及冲压加工的换模、试模过程，流水生产线所生产机型的切换过程等都会发生类似的损耗。

在现代化大型生产线及借助高价生产设备进行生产活动的过程中，无谓的时间浪费应极力避免，因为短暂的时间损耗会带来人工和设备利用率的巨大浪费。

事实上，针对这一课题的研究及缩短损耗时间的努力从来就没有间断过。由于市场和顾客需求的多样化，产品越来越趋向于小批量多品种（需要进行切换的次数也随之增多），在某些行业内，现代化的流水线生产方式已经很难适应发展的需要，客观上也要求对生产方式进行彻底的变革（引进精益生产系统和全新的生产方式）。

现在进行的一些有代表性的生产革新运动，比如柔性生产方式、一人生产方式、细胞生产方式等都是为了解决这些课题的。

3. 刀具、刃具损耗

刀具、刃具损耗是指刀具、刃具损坏或定期交换时产生的时间损耗，及随之产生的产品不良品损耗。

随着新材料的使用及形状研究的进展，刀具、刃具的使用寿命延长，从客观上讲这一类的损耗得到了一定程度的改善。但是为了达成以下目的，我们还是有必要对其给予关注：

（1）夜间无人监管情况下的运行；

（2）提高设备综合效率；

（3）降低刀具、刃具费用。

4. 投入或启动损耗

投入或启动损耗是指在以下几种情况发生时，产品质量达到稳定之前所产生的时间上或产量上的损耗：

（1）定期维修之后的重新起动；

（2）长时间停止后的重新起动；

（3）休假之后的重新启动。

对某些加工设备来说，这一类损耗发生的主要原因是由于热效应产生的热胀冷缩等造成的。

要减少启动损耗，最重要的是要从研究热变形与时间、工件尺寸之间的相关关系着手，确定一个合理的起始空转时间的长度。

5. 短时停止和空转损耗

短时停止和空转损耗的定义如下：

（1）它是一种短时间的功能停止；

（2）经过简单的处置（异常工件的去除和复位）即可以恢复正常；

（3）并不需要进行零件交换和修理；

（4）恢复时间在数秒至5分钟以内。

从定义可见，这和故障是有本质区别的。比如说，工件在滑板上阻塞造成机器空转，物体的异常移动引起感应器暂时失效，或传感器错误动作造成机器短时停止等都是这一类的情况，只要除去工件或异常物体，机器就会恢复正常运转。

此类停止或空转损耗每一次的时间都不长，往往容易被人忽视，但次数多的话也会极大地影响生产效率，必须引起我们重视。

6. 速度低下损耗

速度低下损耗是由于设备的速度设置在设计速度以下，或者设计速度低于现在技术水平要求而造成的速度差损耗。

前者的情况是，假如设计的生产时间周期是 50 秒，而实际上的生产运行周期是 55 秒，这时的速度损耗便是 5 秒。后者的情况是，设计速度是 60 秒，而经过改善后的技术条件可以把时间周期降为 50 秒，但是由于人为因素（没有及时跟进）继续以 60 秒运行或生产，这时的速度损耗是 10 秒。

为了提高生产效率，就要认真研究产生速度损耗的原因（比如，新员工在未达到培训要求之前被配置到生产线上就会引起速度低下的问题），通过消除这些原因使得实际速度达成设计速度的要求。

速度损耗是设备损耗中影响最大的因素之一，必须给予重点研究和对策。

7. 不良品及不良品修理损耗

在生产过程中，会发生产品的不良问题。由于不良问题的不可修理而造成的废弃损耗，和不良品的修理所造成的时间损耗就是不良品及不良品修理损耗。

不良问题可以分成两种：一种是容易实施对策的突发性不良问题，另一种则是难以实施对策（如毛边、毛刺等）并且可能被长期搁置的慢性不良问题，那些需要实施修理或追加加工的情况一般被列为慢性不良问题。

针对慢性不良问题，需要研究不良问题发生的机理，彻底消除引起不良问题的原因（即消除发生源），从根本上防止不良品的产生。

（二）计划停机损耗

为了保证设备的运行特性及产品质量、安全，安排一定的时间对设备进行停机保全是很有必要的。这一停机过程的时间损耗及随后启动过程中的产量损耗就是计划保全损耗。

影响计划保全损耗的因素是每一次的停机时间（即保全所需时间）和停机周期（两次停机之间的间隔）。因此，通过提升保全效率和保全能力以减少每一次的保全时间，并延长停机周期，最终达到减少计划保全损耗的目的。

（三）人员效率方面的五大损耗

1. 管理损耗

所谓管理损耗就是指如材料、零件等待（采购或搬送的延迟）、指示等待（计划的安排）及故障修理等待等，即由于管理上的原因和要求造成人员效率的损耗。

2. 动作损耗

动作损耗包括由于不经济的作业动作造成的损耗、技能差异造成的损耗及（区域、物品）布局不合理而引起的步行损耗等。

如果从作业动作的经济性来考察动作损耗，我们可以看到如步行、转身、弯腰、曲背、提脚、单手或双手等待、动作过大等都是动作损耗。看似是小事，但是不可否认，在任何的生产现场动作浪费无疑是最大量存在而且最容易被忽视的。有些生产现场，员工的作业像太极拳或电影里的慢动作，没有节奏感，看起来懒洋洋的没有生气。

要解决作业动作浪费问题，借助于IE（工业工程）手法是很有必要的。

3. 生产组织损耗

生产组织损耗是指多工序之间、多作业台之间的等待损耗及流水线生产中的工序作业时间不平衡所造成的损耗。本章第二节的图5－1就是一个典型的事例，即由于生产线的线速度设置是由瓶颈工序的作业时间决定的，其他工序的作业时间较少，造成人工的等待浪费。

另一方面，由于作业者的熟练度不够或者个人能力差异，还会出现相应的损耗。

4. 搬送的损耗

搬送看上去是必需的，但实际上却是无价值的，如零件或成品的搬送等。我们可以从缩短搬送距离、提高运载效率、改善搬运工具等多个方面来减少搬送损耗，提高生产效率。

5. 检查、测量及调整损耗

为了防止不良品的产生和不良品流出到下一道工序或客户手中，在生产过程中频繁地对零件或产品进行检查、测量和调整，造成了作业时间的浪费。

生产过程中可能出现的问题越多，则需要设置越多的检查、测量点，解决这个问题的办法就是改进生产办法或强化对生产过程4M条件的控制，消除出现问题的可能性。

（四）材料投入等方面的三大损耗

1. 材料等投入损耗

材料投入损耗是指在某些特定的生产过程中，材料投入量与产品产出量（重量和数量）的差额。

如冲压及切削加工等，产品的重量总是小于投入素材的重量。我们看到，有些时候这个损耗可以达到80%的程度，是触目惊心的。只要你能留意这一类损耗，事实上解决这类损耗的方法是很简单的。

笔者通过对许多企业观测后发现，越是大型企业这类损耗越严重。

2. 工具、夹具损耗

在进行生产活动的过程中，伴随着工具、夹具等的制作、维修、损坏甚至丢失而产生的各种费用就是工具、夹具损耗。

生产活动所需的其他消耗品，如切削油、药品、交换用易耗零件等也包括在工具、夹具损耗之中。

事实上，除了正常的使用消耗之外，工具、夹具的丢失也不能忽视，一些管理混乱的企业为此伤透脑筋。而且，这类损耗很容易被忽视，如果给予足够的关注（进行统计和分析），你将会大吃一惊。

3. 能源损耗

能源损耗是指电力、燃料、蒸汽、压缩空气、水资源等的浪费。只要我们从细微处着眼，进行全方位的改善，就一定能够收到很好的效果。

减少能源损耗还是环境改善的重要内容之一。

三、管理活动中的损耗构造图

如果应用一定的分析手法，将构造图中的损耗分解到足以进行单次记录、统计的程度，那么降低损耗的活动就可以很快收到效果。

这里所说的损耗构造图是有普遍意义的，所有部门都可以根据对自身业务的分析演绎出本部门的损耗构造图。

四、设备方面的损耗及效率计算

表5－3　设备方面的7大损耗

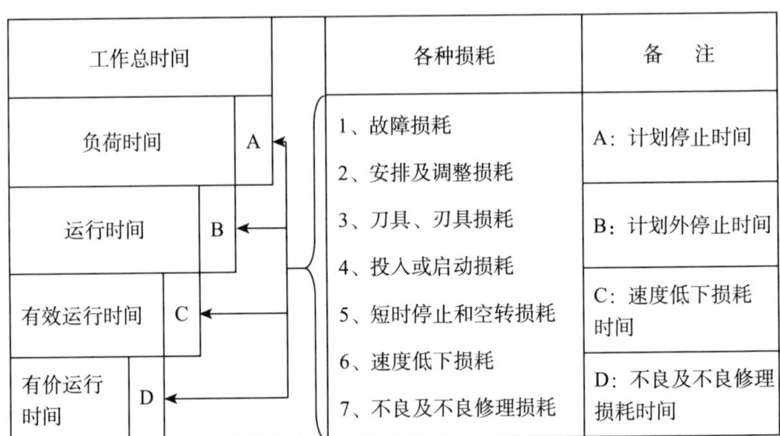

工作总时间		各种损耗	备　注
负荷时间	A	1、故障损耗	A：计划停止时间
运行时间	B	2、安排及调整损耗	B：计划外停止时间
有效运行时间	C	3、刀具、刃具损耗	C：速度低下损耗时间
有价运行时间	D	4、投入或启动损耗	D：不良及不良修理损耗时间
		5、短时停止和空转损耗	
		6、速度低下损耗	
		7、不良及不良修理损耗	

如表5－3所示：

（1）工作总时间。工作时间是指在一天或一个月内设备可以运行的总时间。

（2）负荷时间。负荷时间是指一天或一个月中除去计划停止时间以外设备必须运行的时间。计划停止时间包括生产计划上的休息时间、设备维护的停止时间、管理上需要的早晚礼时间及其他有计划的停止时间。

（3）运行时间。运行时间是指负荷时间减去故障、调整、刃具交换及其他停止时间以后的时间，即设备实际运行的时间。

（4）有效运行时间。有效运行时间是指运行时间减去短时停止、速度低下损耗时间之后，以一定速度有效运行的时间。

（5）有价运行时间。有价运行时间是指有效运行时间减去不良品及不良品修理时间之后的部分，即实际生产出良品的运行时间。

（6）时间运行效率。时间运行效率是运行时间和负荷时间的比值，其计算公式如下：

时间运行效率 =（负荷时间 - 计划外停止时间）/负荷时间 ×100%

（7）速度运行效率。速度运行效率是指基准加工周期与实际加工周期的比值，是表示速度差的一个指标，其计算公式如下：

速度运行效率 = 基准生产周期/实际生产周期 ×100%

（8）有效运行效率。有效运行效率是表示生产持续性的一个指标，它的计算公式如下：

有效运行效率 = 生产总数 × 实际生产周期/运行时间 ×100%

（9）性能运行效率。性能运行效率是一个衡量速度差的指标，指设备的实际运行速度和设备的固有（速度）能力（即设计能力）之间的比值。

性能运行效率 = 基准生产周期 × 加工数量/运行时间 ×100%

注：基准生产周期一般是指设计生产周期。但是由于生产加工品种、品质条件的不同，设备所能达到的基准生产周期可能发生变化，因此有时候还可以用目前理想状态下的生产周期或者至今最高水平的生产周期等来计算性能运行效率。

（10）良品率。良品率是良品和加工总数的比值。

良品率 =（生产总数 - 不良品数）/生产总数 ×100%

注：不良品数 = 启动不良品数 + 工序内不良品数 + 修理数

（11）设备综合效率。设备综合效率是时间运行效率、性能运行效率和良品率的乘积。它是评价当前设备的运行时间、运行速度、良品率的一项综合指标，也是衡量生产活动中由设备创造的附加价值多少的尺度。

设备综合效率 = 时间运行效率 × 性能运行效率 × 良品率

计算范例：

一天的工作时间：60 分 ×8 小时 =480 分钟

一天的负荷时间：470 分钟

一天的运行时间：400 分钟

一天的生产数量：450 个

基准生产周期：0.64 分钟/1 个

实际生产周期：0.8 分钟/1 个

不良率：5%

停止时间：早晚 5S 时间 10 分钟，故障 30 分钟，调整 40 分钟，共计 80 分钟。

根据以上的数据可以做以下计算：

（1）时间运行效率 $=400/470\times100\%=85.1\%$

（2）速度运行效率 $=0.64/0.8\times100\%=80\%$

（3）有效运行效率 $=450\times0.8/400\times100\%=90\%$

（4）性能运行效率 $=0.64\times450/400\times100\%=72\%$

（5）良品率 $=1-5\%=95\%$

（6）综合效率 $=0.851\times0.72\times0.95\times100\%=58.2\%$

（7）短时停止时间 $=480-0.8\times450-80=40$（分钟）

五、人员方面的损耗和劳动生产率

表 5－4　人员方面的 5 大损耗

劳动工时		各种损耗	备　注
负荷工时	A	① 管理损耗	A：计划停止时间
作业工时	B	② 动作损耗 ③ 编排损耗	B：计划外停止时间
有效作业工时	C	④ 自动化置换损耗	C：速度低下损耗时间
有价作业工时	D	⑤ 测量及调整损耗	D：不良品及修理损耗时间

如表 5 - 4 所示：

（1）劳动工时。劳动工时是企业支付工资的时间，一般来说，企业劳动时间为一天 8 个小时。

（2）负荷工时。负荷工时就是劳动工时减去休息时间、早晚礼时间及其他计划等之后的部分。

（3）作业工时。作业工时就是实际投入作业中的时间，即负荷工时减去由于设备故障、调整、刃具交换、启动等引起的设备停止时间及寻找取用零件、工具等所需时间。

（4）有效工时。有效作业工时就是实际实施作业的时间，即作业工时减去由于人员配置不合理造成的不平衡损耗工时、非正常作业工时及自动化置换不足损耗工时。

（5）有价工时。有价工时就是有效工时减去生产不良品、不良品修理及由于质量不稳定造成的频繁测定所需工时以后与实际产出直接相关的工时。

（6）设备综合效率与人员工时之间的关系。设备综合效率的提高除了与设备方面的 7 大损耗相关之外，它还受人员的作业方法、熟练度、作业场所的布局等引起的人员工时损耗的影响，而这个影响的具体体现形式就是降低设备的性能运行效率。

一般来说，人员的劳动工时、负荷工时及作业工时是比较容易确定的，但是要精确地确定（记录）人员的有效工时和有价工时却是一件较困难的事情。但是，我们可以通过实际生产量的多少来推断人员动作浪费的总量。

计算范例：

计算某生产线的人员动作浪费。

一天的负荷运行时间：460 分钟

设备故障等停止时间：50 分钟

调整停止时间：60 分钟

基准运行周期：0.5 分钟/1 个

理想的性能运行效率：82%（无速度低下损耗）

实际生产数量：450 个

从以上的数据可以做以下计算：

（1）日最多生产数量 =（460 - 50 - 60）/0.5 × 0.82 = 574 个

（2）实际性能运行效率 = 0.5 × 450/（460 - 50 - 60）× 100% = 64.3%

（3）人员动作浪费 = 82% - 64.3% = 17.7%

即由于人员的动作浪费造成设备的性能运行效率下降 17.7%。

六、材料投入等三大损耗的计算

三大损耗是指材料损耗、能源损耗及模具工夹具损耗三个方面的损耗。

材料损耗的改善可以用材料利用率提高来描述，能源损耗及模具、工夹具损耗的改善可以用削减率来表示。

（1）材料利用率提高 = 1 - 改善后材料投入量/改善前材料投入量 × 100%

（2）能源削减率 = 1 - 改善后能源投入量/改善前能源投入量 × 100%

（3）模具、工夹具损耗削减率 = 1 - 改善后投入金额/改善前投入金额 × 100%

② 效率化改善案例学习

生产效率化活动的最终目的就是要最大限度地降低生产成本。为了达到此目的，就要提高单位时间的生产量、人均生产量及降低材料或零部件的损耗等。

推进这项活动一般可以按表 5－5 所示的那样，循序渐进地进行。

表 5－5 生产效率改善活动的推进

顺　序	活　动　内　容
1	设备 7 大损耗低减活动： 设备 7 大损耗的构造把握 相关度及重要度的确认 问题工序的识别 对策方案的提出 对策方案的实施 效果的确认
2	设备综合效率的改善： 把握影响设备综合效率的因素 消除这些因素 改善效果的确认
3	劳动生产率的提高： 人均生产台数的把握 调查影响人工效率的因素 研究对策方案 采取对策消除这些阻碍因素 自动化（重力等应用）推进 空间平面布局改良 质量稳定性改善 工程、工序能力改善

续表

顺　序	活　动　内　容
3	少人化、无人化改善 改善效果确认
4	制造成本低减活动推进： 把握成本构成比例的变化 加工工时或加工费的降低 材料、零部件损耗的降低 模具、工夹具等易损品用量低减 消耗品用量低减 能源使用量低减 设备、工厂保全维护费用低减 改善效果确认
5	设备投资低减活动推进： 简易设备自制改善 空间的有效利用改善 柔性生产方式的导入 效果确认

这是通常意义上的活动顺序，事实上，有条件的话可以采用并行推进的方式。

由于篇幅的关系，我们不可能将所有的16大损耗的改善事例罗列其中，下面我们选择几个有代表性的事例对生产效率化活动进行阐述。

案例1：安排和调整损耗低减

在一条生产线或一台加工设备上，由于A、B产品生产条件的不同，要从A产品的生产切换到B产品的生产，需要对设备或生产线进行重新安排和必要的调整。

下面是一个减少加工机械更换夹具时间的改善事例。

1. 改善前的问题点

(1) 由 A 产品到 B 产品换夹具时间为 1800 秒；

(2) 良品产出前会生产两次 6 个不良品。

2. 改善目标

(1) 更换时间减至一半以下；

(2) 即刻生产出合格品，不良品为零。

3. 现状分析

为了分析更换夹具过程中的问题，首先对更换作业过程做具体的记录，表 5 -6 是更换作业时间调查表。

表 5 -6 更换作业时间调查表

No	作业内容	时间（S）		对策方案		
		单项	总计	除去	并行	简化
1	按停止键	3	3			
2	最后产品包装	24	27			
3	准备工具	120	147		○	
4	拆卸 A 夹具	180	327			
5	移走 A 夹具	60	387		○	
6	准备 B 夹具	60	447		○	
7	安装 B 夹具	180	627			○
8	装材料	90	717			○
9	按启动键	3	720			
10	试作	180	900	○		
11	测试样品	60	960	○		
12	尺寸修正	180	1140	○		
13	再试作	180	1320	○		
14	测试样品	60	1380	○		
15	尺寸修正	180	1560	○		

续表

No	作业内容	时间（S）		对策方案		
		单项	总计	除去	并行	简化
16	投入材料	60	1620			
17	第一个合格品	180	1800			○

从表5－6中的调查数据可见，各作业项目主要可以进行以下三个方面的改进。

（1）可以去除的作业步骤。

通过对加工条件的事先确认和标准化管理，更换夹具后一次生产出合格品，可以省去试制过程（第10至15步），总计时间840秒。

（2）可以并行作业的步骤。

有些步骤是可以在停机前进行并行作业的，如工具、夹具的准备等（第3步、第5步、第6步）。这样做的好处是，机器的停止时间相应可以缩短240秒。

（3）可以简化的作业步骤。

通过其他改善（目视管理等）可以将安装夹具的时间缩短（第7步、第8步），缩短时间为120秒。

通过以上改善，总共可以缩短更换夹具时间1200秒，达到了低减到一半以下的改善目标，更换夹具后能一次性生产出良品，减少了材料和加工时间的损耗。

案例2：生产组织损耗低减

工序间作业时间不平衡是生产组织损耗的主要内容之一。我们知道，生产线的线速度通常是由瓶颈工序的作业时间决定的，在图5－1所示的情况下，线速度理论上最快可以设定为54秒，而其他作业时间不足54秒的工序便产生人工等待的损耗。

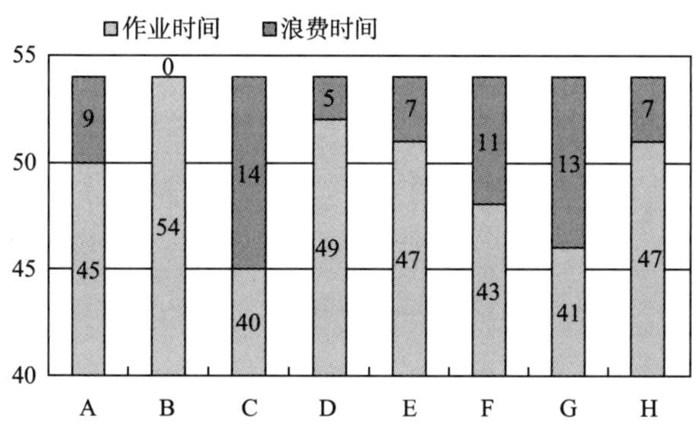

图5－1　某生产线工序时间分布图

生产线的线速度为54秒，损耗时间共计66（9＋0＋14＋5＋7＋11＋13＋7）秒，仅此一项就损耗15.3%（66/432）以上的生产效率。

各工序间作业时间的不平衡，主要是由于生产技术水平的低下或其他管理原因造成的，解决的办法就是重新安排工序，重新分配各工序的作业时间，使各工序的作业时间尽可能地接近。

案例3：材料投入损耗的降低

降低材料投入损耗就是提高材料利用率。

图5－2是一个常见的材料投入损耗的例子（如冲压加工）。在一个普通加工厂里，类似的现象通常会大量存在，只要着眼改善，收效一定是十分可观的。

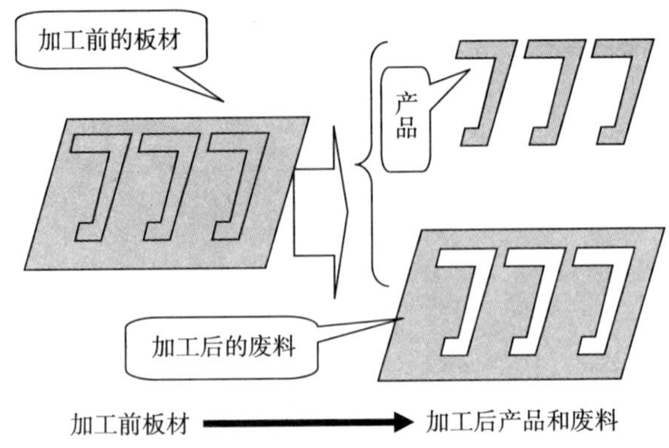

图5－2　冲压加工事例

解决以上问题，有以下方案可以考虑：

改善方案（1）：对取料布局进行重新规划

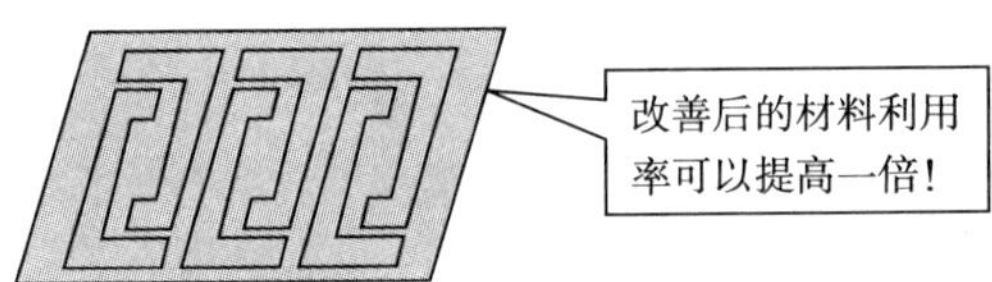

原来一次加工3个零件，现在一次加工6个零件，不仅材料利用率提高一倍，加工效率也提高了100%。看似不大的改善，但改善效果是良好的。

改善方案（2）：重新设计零件的结构

把一个零件一分为二，中间采用螺丝连接，取料时很容易布局并能得到很高的材料利用率。

但是改善的副作用是增加了一个螺丝，紧固螺丝带来的加工时间增加、加工精度需要进行控制等，在这种情况下就有必要对改善进行定量的测算，确认改善的有效性。

我们可以肯定的是，如果员工没有强烈的问题意识和改善意识去关注问题的存在，这种浪费现象将长期存在，因为几乎可以肯定所有人都不用对这种浪费负责任。

【深圳合众资源·3A企业管理顾问有限公司】公司简介

一、3A公司是做什么的

●3A公司（全称为深圳合众资源·3A企业管理顾问有限公司）是一家有强烈使命感的专业顾问公司，自2000年成立以来，专注于帮助中国企业提升管理水平，核心业务是自主创新经营（3A阿米巴）、经营战略与盈利能力提升、精益生产、精益TPM、精益品质、精益研发与降本设计、采购降本与供应链再造、人才快速复制等战略与运营管理技术研究及项目咨询。3A公司以现场、现物、现实的顾问风格向客户提供一流服务，成果累累，口碑卓著。

●3A公司在2006年提出了“百千万工程”的战略目标，即用10年时间树立100家管理标杆企业；辅导1000家企业扎实提高管理水平；培育10000家信奉3A卓越管理思想的企业群！目前，此战略目标已经取得了重要进展……

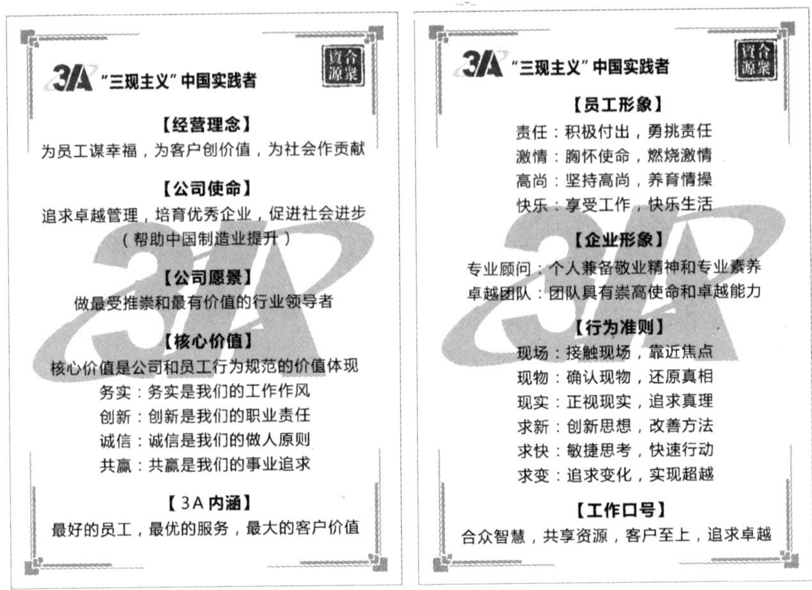

二、3A 公司为什么敢于向客户承诺效果

• 卓越和务实的专职顾问团队，他们全部来自世界500强企业管理第一线，理论联系实际，具有优秀的实战辅导能力。

• 独特和成熟的辅导模式，经过多年成功经验和智慧累积，使3A公司在系统解决企业复杂问题和动员企业干部员工全面参与方面表现卓越。

三、3A 公司的主要成就有哪些

• 已成功为国内数百家知名企业实施项目咨询服务，客户遍布国内30个省市。

• 成就了一大批行业管理标杆企业：江钻股份、劲牌公司、王老吉、中粮江阴麦芽、中联重科、大连重工、富士施乐、靖远二电、唐山钢铁、美克美家、圣奥家具、新浦化学、美克化工、信义玻璃、南玻集团、旭东电子、美的家电、巨人通力电梯、西安航天发动机、恒安纸业、贝因美、首钢迁钢……

• 编著及发行出版广受喜爱的制造管理专业书籍：国内第一本精益生产类专著《精益生产方式－JIT》、国内第一本TPM类专著《TPM与工厂全面改善》、国内第一本现场5S基础管理专著《5S活动推行实务》等23本书籍。

• 在《中外管理》、《企业管理》、《世界经理人》等国内权威杂志上发表管理论文数百篇。

• 2011年，中国著名经管杂志《经理人》对包含麦肯锡、毕马威、罗兰贝格、波士顿等世界著名咨询机构在内的，在中国提供咨询服务的数百家优秀咨询公司进行的独立评选中，3A公司荣获生产管理服务类国内咨询公司第一名。

• 中国咨询行业50强/精益咨询第一品牌。中国企业联合会管理咨询委员会、培训工作委员会于2014年11月30日在北京正式发布2014年中国咨询行业50强榜单。3A公司入榜，为精益咨询行业第一品牌。

四、3A（2015年）正在服务的主要客户有哪些

• 信义玻璃：2005年开始与3A公司合作，集团内多个工厂正在接受3A公司辅导。

• 长青集团：2006年开始与3A公司合作，现辅导中。

• 唐山钢铁：2009年开始与3A公司合作，现辅导中。

• 沙市钢管：2009年开始与3A公司合作，现辅导中。

• 劲牌劲酒：2009年开始与3A公司合作，现辅导中。

• 浙江传化：2010年开始与3A公司合作，集团内多个工厂正在接受

3A 公司辅导。

- 中粮集团：2010 年开始与 3A 公司合作，集团内多家公司正在接受 3A 公司辅导。
- 戴卡轮毂：2010 年开始与 3A 公司合作，现辅导中。
- 玉玺集团：2010 年开始与 3A 公司合作，现辅导中。
- 康盛材料：2010 年开始与 3A 公司合作，现辅导中。
- 首钢迁钢：2011 年开始与 3A 公司合作，现辅导中。
- 万江航空：2011 年开始与 3A 公司合作，现辅导中。
- 技研新阳：2011 年开始与 3A 公司合作，现辅导中。
- 广研机械：2011 年开始与 3A 公司合作，现辅导中。
- 贝因美：2012 年开始与 3A 公司合作，现辅导中。
- 圣山集团：2012 年开始与 3A 公司合作，现辅导中。
- 金马科技：2013 年开始与 3A 公司合作，现辅导中。
- 亚振家具：2013 年开始与 3A 公司合作，现辅导中。
- 台佳电子：2013 年开始与 3A 公司合作，现辅导中。
- 水晶光电：2013 年开始与 3A 公司合作，现辅导中。
- 佳联印染：2013 年开始与 3A 公司合作，现辅导中。
- 快意电梯：2013 年开始与 3A 公司合作，现辅导中。
- 申菱空调：2013 年开始与 3A 公司合作，现辅导中。
- 诺佳家具：2013 年开始与 3A 公司合作，现辅导中。
- 金田铜业：2014 年开始与 3A 公司合作，现辅导中。
- 内蒙健隆：2014 年开始与 3A 公司合作，现辅导中。
- 雅虎汽配：2014 年开始与 3A 公司合作，现辅导中。
- 河北首秦：2014 年开始与 3A 公司合作，现辅导中。
- 中兴精密：2014 年开始与 3A 公司合作，现辅导中。

- 捷虹颜料：2014 年开始与 3A 公司合作，现辅导中。
- 广明源照明：2014 年开始与 3A 公司合作，现辅导中。
- 万恒通家具：2014 年开始与 3A 公司合作，现辅导中。
- 沁园水处理：2014 年开始与 3A 公司合作，现辅导中。
- 金堆城钼业：2014 年开始与 3A 公司合作，现辅导中。
- 华圣达拉链：2014 年开始与 3A 公司合作，现辅导中。

还有申菱电梯、锦鸡染料、江门制漆、天松新材料、巨桑家私、万得福实业、山力兴冶薄板、山东光岳转向节、古井贡酒、金龙纸业、华骋科技、金龙铜业、联众文具、金凤牧业、日丰管业、安铂尔电器、新冠美家具、湖南泰嘉、美佳马达、大华精密陶瓷、昭兴电工、河北鑫泰、东方百富袜业等近百家企业正在接受 3A 公司辅导。

3A 公司将为中国企业管理者奉献越来越多的管理成就。

五、联系方式

总部地址：深圳福田中心区福华一路卓越大厦 8 楼

电　话：0755－82874711　82874712

传　真：0755－82874671

邮　编：518048

邮　箱：mail@ sz－3a. com

公司网站：www. sz－3a. com

微信号：qiyeguwen3A

“本土管理实践与创新论坛”成立

长期以来，中国企业在学习西方管理、本土化实践中不断进步。经济进入新常态，管理也要进入深水区。东西方企业与管理，有共性，也有个性。本土管理领域正在产生自己独特的理论与模式。尤其在移动互联时代，中国的情况与西方更不同，有很多新课题，需要本土专家们一起研究。

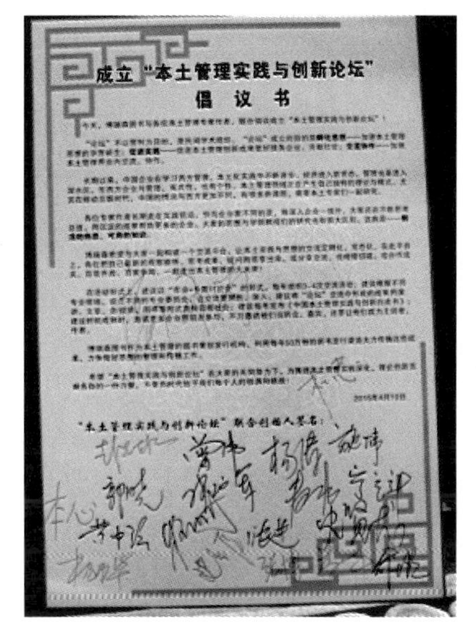
成立“本土管理实践与创新论坛”
倡 议 书

“本土管理实践与创新论坛”联合创始人签名：

为此，博瑞森图书与各位本土管理专家作者，联合成立“本土管理实践与创新论坛”！“论坛”不以盈利为目的。“论坛”的宗旨是：

孵化思想——加速本土管理思想的孕育诞生

促进实践——促进本土管理创新成果更好服务企业、贡献社会

交流协作——加强本土管理界业内交流、协作

通过这个论坛，让本土实践与思想的交流定期化、常态化。在此平台上，各位作者把自己最新的观察感悟、思考成果、疑问困惑拿出来，或分享交流、或碰撞切磋、或合作攻关。通过举办“年度论坛”、出版《年度报告》等方式，百花齐放、百家争鸣，一起走出本土管理的大未来！

“本土管理实践与创新论坛”联合创始人

彭志雄、曾伟、宋新宇、杨涛、施炜、郭晓、张学军、秦国伟、宁立新、黄中强、程绍珊、张进、史贤龙、杨永华、高可为、史立臣、张博、李志华、张本心、余世耀、杜忠（以年龄为序，以示本土管理群体思想传承之意）

博瑞森图书分类导读图+书目

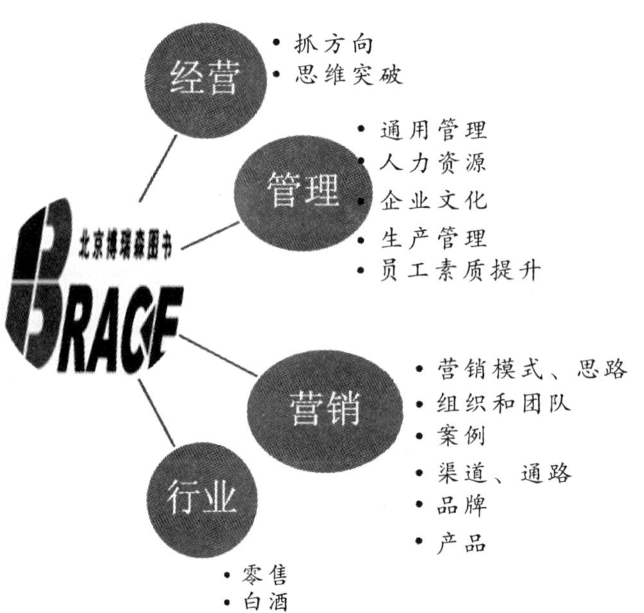

- 零售
- 白酒
- 食品/快消品（乳业、食用油、茶叶、调味品等）
- 农业（农资、农产品、农牧企业）
- 医药（医药营销、处方药、药店）
- 家居建材
- 工业品
- 金融

行业类：零售、白酒、食品/快消品、农业、医药、建材家居等

	书名．作者	内容/特色	读者价值
零售·超市·餐饮·服装·汽车	**1. 总部有多强大，门店就能走多远** **2. 超市卖场定价策略与品类管理** **3. 连锁零售企业招聘与培训破解之道** **4. 中国首家未来超市：解密安徽乐城** **5. 三四线城市超市如何快速成长：解密甘雨亭** IBMG 国际商业管理集团　著	国内外标杆企业的经验＋本土实践量化数据＋操作步骤、方法	通俗易懂，行业经验丰富，宝贵的行业量化数据，关键思路和步骤
	涨价也能卖到翻 村松达夫　【日】	提升客单价的 15 种实用、有效的方法	日本企业在这方面非常值得学习和借鉴
	零售：把客流变成购买力 丁　昀　著	如何通过不断升级产品和体验式服务来经营客流	如何进行体验营销，国外的好经营，这方面有启发
	餐饮企业经营策略第一书 吴　坚　著	分别从产品、顾客、市场、盈利模式等几个方面，对现阶段餐饮企业的发展提出策略和思路	第一本专业的、高端的餐饮企业经营指导书
	赚不赚钱靠店长：从懂管理到会经营 孙彩军　著	通过生动的案例来进行剖析，注重门店管理细节方面的能力提升	帮助终端门店店长在管理门店的过程中实现经营思路的拓展与突破
	汽车配件这样卖：汽车后市场销售秘诀 100 条 俞士耀　著	汽配销售业务员必读，手把手教授最实用的方法，轻松得来好业绩	快速上岗，专业实效，业绩无忧
白酒	**变局下的白酒企业重构** 杨永华　著	帮助白酒企业从产业视角看清趋势，找准位置，实现弯道超车的书	行业内企业要减少 90%，自己在什么位置，怎么做，都清楚了
	1. 白酒营销的第一本书 **2. 白酒经销商的第一本书** 唐江华　著	华泽集团湖南开口笑公司品牌部长，擅长酒类新品推广、新市场拓展	扎根一线，实战
	区域型白酒企业营销必胜法则 朱志明　著	为区域型白酒企业提供 35 条必胜法则，在竞争中赢销的葵花宝典	丰富的一线经验和深厚积累，实操实用
	10 步成功运作白酒区域市场 朱志明　著	白酒区域操盘者必备，掌握区域市场运作的战略、战术、兵法	在区域市场的攻伐防守中运筹帷幄，立于不败之地
	酒业转型大时代：微酒精选 2014－2015 微酒　主编	本书分为五个部分：当年大事件、那些酒业营销工具、微酒独立策划、业内大调查和十大经典案例	了解行业新动态、新观点，学习营销方法
快消品·食品	**乳业营销第一书** 侯军伟　著	对区域乳品企业生存发展关键性问题的梳理	唯一的区域乳业营销书，区域乳品企业一定要看
	食用油营销第一书 余　盛　著	10 多年油脂企业工作经验，从行业到具体实操	食用油行业第一书，当之无愧
	中国茶叶营销第一书 柏　龑　著	如何跳出茶行业"大文化小产业"的困境，作者给出了自己的观察和思考	不是传统做茶的思路，而是现在商业做茶的思路
	调味品营销第一书 陈小龙　著	国内唯一一本调味品营销的书	唯一的调味品营销的书，调味品的从业者一定要看
	快消品营销人的第一本书：从入门到精通 刘　雷　伯建新　著	快消行业必读书，从入门到专业	深入细致，易学易懂
	变局下的快消品营销实战策略 杨永华　著	通胀了，成本增加，如何从被动应战变成主动的"系统战"	作者对快消品行业非常熟悉、非常实战
	快消品经销商如何快速做大 杨永华　著	本书完全从实战的角度，评述现象，解析误区，揭示原理，传授方法	为转型期的经销商提供了解决思路，指出了发展方向
	一位销售经理的工作心得 蒋　军　著	一线营销管理人员想提升业绩却无从下手时，可以看看这本书	一线的真实感悟
	快消品营销：一位销售经理的工作心得 2 蒋　军　著	快消品、食品饮料营销的经验之谈，重点图书	来源与实战的精华总结
	快消品营销与渠道管理 谭长春　著	将快消品标杆企业渠道管理的经验和方法分享出来	可口可乐、华润的一些具体的渠道管理经验，实战
	成为优秀的快消品区域经理 伯建新　著	37 个"怎么办"分析区域经理的工作关键点	可以作为区域经理的'速成催化器'
	销售轨迹：一位快消品营销总监的拼搏之路 秦国伟　著	本书讲述了一个普通销售员打拼成为跨国企业营销总监的真实奋斗历程	激励人心，给广大销售员以力量和鼓舞

续表

农业	**农资营销实战全指导** 张　博　著	农资如何向“深度营销”转型，从理论到实践进行系统剖析，经验资深	朴实、使用！不可多得的农资营销实战指导
	农产品营销第一书 胡浪球　著	从农业企业战略到市场开拓、营销、品牌、模式等	来源于实践中的思考，有启发
	变局下的农牧企业发展 9 大策略 彭志雄　著	食品安全、纵向延伸、横向联合、品牌建设……	唯一的农牧企业经营实操的书，农牧企业一定要看
医药	**新医改下医药营销与团队管理** 史立臣　著	探讨新医改对医药行业的系列影响和医药团队管理	帮助理清思路，有一个框架
	医药营销与处方药学术推广 马宝琳　著	如何用医学策划把“平民产品”变成“明星产品”	有真货、讲真话的作者，堪称处方药营销的经典！
	新医改了，药店就要这样开 尚　锋　著	药店经营、管理、营销全攻略	有很强的实战性和可操作性
	电商来了，药店应该怎样开 尚　锋　著	电商崛起，药店该如何突围？本书从促销、会员服务、专业性、客单价等多重角度给出了指导方向	实战攻略，拿来就能用
	在中国，医药营销这样做：时代方略精选文集 段继东　主编	专注于医药营销咨询 15 年，将医药营销方法的精华文章合编，深入全面	可谓医药营销领域的顶尖著作，医药界读者的必读书
	OTC 医药代表药店开发与维护 鄢圣安　著	要做到一名专业的医药代表，需要做什么、准备什么、知识储备、操作技巧等	医药代表药店拜访的指导手册，手把手教你快速上手
建材家居	**建材家居营销实务** 程绍珊　杨鸿贵　主编	价值营销运用到建材家居，每一步都让客户增值	有自己的系统、实战
	建材家居门店销量提升 贾同领　著	店面选址、广告投放、推广助销、空间布局、生动展示、店面运营等	门店销量提升是一个系统工程，非常系统、实战
	10 步成为最棒的建材家居门店店长 徐伟泽　著	实际方法易学易用，让员工能够迅速成长，成为独当一面的好店长	只要坚持这样干，一定能成为好店长
	手把手帮建材家居导购业绩倍增：成为顶尖的门店店员 熊亚柱　著	生动的表现形式，让普通人也能成为优秀的导购员，让门店业绩长红	读着有趣，用着简单，一本在手、业绩无忧
工业品	**解决方案营销实战案例** 刘祖轲　著	用 10 个真案例讲明白什么是工业品的解决方案式营销，实战、实用	有干货、真正操作过的才能写得出来
	变局下的工业品企业 7 大机遇 叶敦明　著	产业链条的整合机会、盈利模式的复制机会、营销红利的机会、工业服务商转型机会……	工业品企业还可以这样做，思维大突破
	工业品市场部实战全指导 杜　忠　著	工业品市场部经理工作内容全指导	系统、全面、有理论、有方法，帮助工业品市场部经理更快提升专业能力
	工业品营销管理实务 李洪道　著	中国特色工业品营销体系的全面深化、工业品营销管理体系优化升级	工具更实战，案例更鲜活，内容更深化
金融	**交易心理分析** (美)马克·道格拉斯　著 刘真如　译	作者一语道破赢家的思考方式，并提供了具体的训练方法	不愧是投资心理的第一书，绝对经典
	精品银行管理之道 崔海鹏　何　屹　主编	中小银行转型的实战经验总结	中小银行的教材很多，实战类的书很少，可以看看
	支付战争 Eric M. Jackson　著 徐　彬　王　晓　译	PayPal 创业期营销官，亲身讲述 PayPal 从诞生到壮大到成功出售的整个历史	激烈、有趣的内幕商战故事！了解美国支付市场的风云巨变
房地产	**产业园区/产业地产规划、招商、运营实战** 阎立忠　著	目前中国第一本系统解读产业园区和产业地产建设运营的实战宝典	从认知、策划、招商到运营全面了解地产策划
	人文商业地产策划 戴欣明　著	城市与商业地产战略定位的关键是不可复制性，要发现独一无二的“味道”	突破千城一面的策划困局

续表

经营类:企业如何赚钱,如何抓机会,如何突破,如何"开源"			
	书名.作者	内容/特色	读者价值
抓方向	让经营回归简单.升级版 宋新宇 著	化繁为简抓住经营本质:战略、客户、产品、员工、成长	经典,做企业就这几个关键点!
	企业由小到大要过哪些坎 卢 强 著	老板手里的一张"企业成长路线图"	现在我在哪儿,未来还要走哪些路,都清楚了
	企业二次创业成功路线图 夏惊鸣 著	企业曾经抓住机会成功了,但下一步该怎么办?	企业怎样获得第二次成功,心里有个大框架了
	老板经理人双赢之道 陈 明 著	经理人怎养选平台、怎么开局,老板怎样选/育/用/留	老板生闷气,经理人牢骚大,这次知道该怎么办了
	简单思考:AMT 咨询创始人自述 孔祥云 著	著名咨询公司(AMT)的 CEO 创业历程中点点滴滴的经验与思考	每一位咨询人,每一位创业者和管理经营者,都值得一读
	企业文化的逻辑 王祥伍 黄健江 著	为什么企业绩效如此不同,解开绩效背后的文化密码	少有的深刻,有品质,读起来很流畅
	使命驱动企业成长 高可为 著	钱能让一个人今天努力,使命能让一群人长期努力	对于想做事业的人,'使命'是绕不过去的
思维突破	移动互联新玩法:未来商业的格局和趋势 史贤龙 著	传统商业、电商、移动互联,三个世界并存,这种新格局的玩法一定要懂	看清热点的本质,把握行业先机,一本书搞定移动互联网
	画出公司的互联网进化路线图:用互联网思维重塑产品、客户和价值 李 蓓 著	18 个问题帮助企业一步步梳理出互联网转型思路	思路清晰、案例丰富,非常有启发性
	重生战略:移动互联网和大数据时代的转型法则 沈 拓 著	在移动互联网和大数据时代,传统企业转型如同生命体打算与再造,称之为"重生战略"	帮助企业认清移动互联网环境下的变化和应对之道
	创造增量:穿越企业互联网转型的"黑洞" 刘红明 著	传统企业需要用互联网思维去创造增量,而不是用电子商务去转移传统业务的存量	教你怎么在"互联网+"的海洋中创造实实在在的增量
	7 个转变,让公司 3 年胜出 李 蓓 著	消费者主权时代,企业该怎么办	这就是互联网思维,老板有能这样想,肯定倒不了
	跳出同质思维,从跟随到领先 郭 剑 著	66 个精彩案例剖析,帮助老板突破行业长期思维惯性	做企业竟然有这么多玩法,开眼界
	麻烦就是需求 难题就是商机 卢根鑫 著	如何借助客户的眼睛发现商机	什么是真商机,怎么判断、怎么抓,有借鉴

管理类:效率如何提升,如何实现经营目标,如何"节流"			
	书名.作者	内容/特色	读者价值
通用管理	1. 让管理回归简单.升级版 2. 让经营回归简单.升级版 3. 让用人回归简单 宋新宇 著	宋博士的"简单"三部曲,影响 20 万读者,非常经典	被读者热情地称作"中小企业的管理圣经"
	边干边学做老板 黄中强 著	创业 20 多年的老板,有经验、能写、又愿意分享,这样的书很少	处处共鸣,帮助中小企业老板少走弯路
	阿米巴经营的中国模式 李志华 著	让员工从"要我干"到"我要干",价值量化出来	阿米巴在企业如何落地,明白思路了
	欧博心法:好管理靠修行 曾 伟 著	用佛家的智慧,深刻剖析管理问题,见解独到	如果真的有'中国式管理',曾老师是其中标志性人物

续表

流程管理	1. 用流程解放管理者 2. 用流程解放管理者2 张国祥　著	中小企业阅读的流程管理、企业规范化的书	通俗易懂，理论和实践的结合恰到好处
	跟我们学建流程体系 陈立云　著	畅销书《跟我们学做流程管理》系列，更实操，更细致，更深入	更多地分享实践，分享感悟，从实践总结出来的方法论
战略落地	公司大了怎么管：从靠英雄到靠组织 AMT 金国华　著	第一次详尽阐释中国快速成长型企业的特点、问题及解决之道	帮助快速成长型企业领导及管理团队理清思路，突破瓶颈
	低效会议怎么改：每年节省一半会议成本的秘密 AMT 王玉荣　著	教你如何系统规划公司的各级会议，一本工具书	教会你科学管理会议的办法
	年初订计划，年尾有结果：战略落地七步成诗 AMT 郭晓　著	7 个步骤教会你怎么让公司制定的战略转变为行动	系统规划，有效指导计划实现
企业案例·老板传记	宗：一位制造业企业家的思考 杨　涛　著	1993 年创业，引领企业平稳发展 20 多年，分享独到的心得体会	难得的一本老板分享经验的书
	简单思考：AMT 咨询创始人自述 孔祥云　著	著名咨询公司（AMT）的 CEO 创业历程中点点滴滴的经验与思考	每一位咨询人，每一位创业者和管理经营者，都值得一读
	六个核桃凭什么：从0到150亿 张学军　著	首部全面揭秘养元六个核桃裂变式成长的巨著	学习优秀企业的成长路径，了解其背后的理论体系
	借力咨询：德邦成长背后的秘密 官同良　王祥伍　著	知名物流企业德邦的真实历史记录，讲述德邦是如何借助咨询公司的力量，进行自身成长与发展的	来自于德邦内部的第一线资料，真实珍贵，令人受益匪浅
	三四线城市超市如何快速成长：解密甘雨亭 IBMG 国际商业管理集团　著	国内外标杆企业的经验 + 本土实践量化数据 + 操作步骤、方法	通俗易懂，行业经验丰富，宝贵的行业量化数据，关键思路和步骤
	中国首家未来超市：解密安徽乐城 IBMG 国际商业管理集团　著	本书深入挖掘了安徽乐城超市的试验案例，为零售企业未来的发展提供了一条可借鉴之路	通俗易懂，行业经验丰富，宝贵的行业量化数据，关键思路和步骤
人力资源	回归本源看绩效 孙　波　著	让绩效回顾"改进工具"的本源，真正为企业所用	确实是来源于实践的思考，有共鸣
	曹子祥教你做绩效管理 曹子祥　著	复杂的理论通俗化，专业的知识简单化，企业绩效管理共性问题的解决方案	轻松掌握绩效管理
	把招聘做到极致 远　鸣　著	作为世界 500 强高级招聘经理，作者数十年招聘经验的总结分享	带来职场思考境界的提升和具体招聘方法的学习
	人才评价中心．超级漫画版 邢　雷　著	专业的主题，漫画的形式，只此一本	没想到一本专业的书，能写成这效果
	走出薪酬管理误区 全怀周　著	剖析薪酬管理的 8 大误区，真正发挥好枢纽作用	值得企业深读的实用教案
	集团化人力资源管理实践 李小勇　著	对搭建集团化的企业很有帮助，务实，实用	最大的亮点不是理论，而是结合实际的深入剖析
	我的人力资源咨询笔记 张　伟　著	管理咨询师的视角，思考企业的 HR 管理	通过咨询师的眼睛对比很多企业，有启发
	本土化人力资源管理 8 大思维 周　剑　著	成熟 HR 理论，在本土中小企业实践中的探索和思考	对企业的现实困境有真切体会，有启发
	HRBP 是这样炼成的之"菜鸟起飞" 新　海　著	以小说的形式，具体解析 HRBP 的职责，应该如何操作，如何为业务服务	实践者的经验分享，内容实务具体，形式有趣

续表

企业文化	**华夏基石方法:企业文化落地本土实践** 王祥伍　谭俊峰　著	十年积累、原创方法、一线资料,和盘托出	在文化落地方面真正有洞察,有实操价值的书
	企业文化的逻辑 王祥伍　著	为什么企业之间如此不同,解开绩效背后的文化密码	少有的深刻,有品质,读起来很流畅
	企业文化激活沟通 宋杼宸　安　琪　著	透过新任 HR 总经理的眼睛,揭示出沟通与企业文化的关系	有实际指导作用的文化落地读本
	在组织中绽放自我:从专业化到职业化 朱仁健　王祥伍　著	个人如何融入组织,组织如何助力个人成长	帮助企业员工快速认同并投入到组织中去,为企业发展贡献力量
生产管理	**高员工流失率下的精益生产** 余伟辉　著	中国的精益生产必须面对和解决高员工流失率问题	确实来源于本土的工厂车间,很务实
	车间人员管理哪些事儿岑立聪　著	车间人员管理中处理各种"疑难杂症"的经验和方法	基层车间管理者最闹心、头疼的事,'打包'解决
	1. **欧博心法:好管理靠修行** 2. **欧博心法:好工厂这样管** 曾　伟　著	他是本土最大的制造业管理咨询机构创始人,他从 400 多个项目、上万家企业实践中锤炼出的欧博心法	中小制造型企业,一定会有很强的共鸣
	欧博工厂案例 1:生产计划管控对话录 **欧博工厂案例 2:品质技术改善对话录** **欧博工厂案例 3:员工执行力提升对话录** 曾　伟　著	最典型的问题、最详尽的解析,工厂管理 9 大问题 27 个经典案例	没想到说得这么细,超出想象,案例很典型,照搬都可以了
	苦中得乐:管理者的第一堂必修课 曾　伟　编著	曾伟与师傅大愿法师的对话,佛学与管理实践的碰撞,管理禅的修行之道	用佛学最高智慧看透管理
	比日本工厂更高效 1:管理提升无极限 刘承元　著	指出制造型企业管理的六大积弊;颠覆流行的错误认知;掌握精益管理的精髓	每一个企业都有自己不同的问题,管理没有一剑封喉的秘笈,要从现场、现物、现实出发
	比日本工厂更高效 2:超强经营力 刘承元　著	企业要获得持续盈利,就要开源和节流,即实现销售最大化,费用最小化	掌握提升工厂效率的全新方法
	比日本工厂更高效 3:精益改善力的成功实践 刘承元　著	工厂全面改善系统有其独特的目的取向特征,着眼于企业经营体质(持续竞争力)的建设与提升	用持续改善力来飞速提升工厂的效率,高效率能够带来意想不到的高效益
员工素质提升	**跟老板"偷师"学创业** 吴江萍　余晓雷　著	边学边干,边观察边成长,你也可以当老板	不同于其他类型的创业书,让你在工作中积累创业经验,一举成功
	销售轨迹:一位快消品营销总监的拼搏之路 秦国伟　著	本书讲述了一个普通销售员打拼成为跨国企业营销总监的真实奋斗历程	激励人心,给广大销售员以力量和鼓舞
	在组织中绽放自我:从专业化到职业化 朱仁健　王祥伍　著	个人如何融入组织,组织如何助力个人成长	帮助企业员工快速认同并投入到组织中去,为企业发展贡献力量
	企业员工弟子规:用心做小事,成就大事业 贾同领　著	从传统文化《弟子规》中学习企业中为人处事的办法,从自身做起	点滴小事,修养自身,从自身的改善得到事业的提升

续表

营销类:把客户需求融入企业各环节,提供"客户认为"有价值的东西			
	书名．作者	内容/特色	读者价值
营销模式	**变局下的营销模式升级** 程绍珊　叶　宁　著	客户驱动模式、技术驱动模式、资源驱动模式	很多行业的营销模式被颠覆,调整的思路有了!
	卖轮子 科克斯【美】	小说版的营销学!营销理念巧妙贯穿其中,贵在既有趣,又有深度	经典、有趣!一个故事读懂营销精髓
	弱势品牌如何做营销 李政权　著	中小企业虽有品牌但没名气,营销照样能做的有声有色	没有丰富的实操经验,写不出这么具体、详实的案例和步骤,很有启发
	老板如何管营销 史贤龙　著	高段位营销16招,好学好用	老板能看,营销人也能看
	动销:产品是如何畅销起来的 吴江萍·余晓雷　著	真真切切告诉你,产品究竟怎么才能卖出去	击中痛点,提供方法,你值得拥有
组织和团队	**升级你的营销组织** 程绍珊　吴越舟　著	用"有机性"的营销组织替代"营销能人","营销团队变成"铁营盘"	营销队伍最难管,程老师不愧是营销第1操盘手,步骤方法都很成熟
	用数字解放营销人 黄润霖　著	通过量化帮助营销人员提高工作效率	作者很用心,很好的常备工具书
	成为优秀的快消品区域经理 伯建新　著	37个"怎么办"分析区域经理的工作关键点	可以作为区域经理的'速成催化器'
	一位销售经理的工作心得 蒋　军　著	一线营销管理人员想提升业绩却无从下手时,可以看看这本书	一线的真实感悟
	快消品营销:一位销售经理的工作心得2 蒋　军　著	快消品、食品饮料营销的经验之谈,重点突出	来源于实战的精华总结
	销售轨迹:一位快消品营销总监的拼搏之路 秦国伟　著	本书讲述了一个普通销售员打拼成为跨国企业营销总监的真实奋斗历程	激励人心,给广大销售员以力量和鼓舞
	用营销计划锁定胜局:用数字解放营销人2 黄润霖　著	全方位教你怎么做好营销计划,好学好用真简单	照搬套用就行,做营销计划再也不头痛
	快消品营销人的第一本书:从入门到精通 刘　雷　伯建新　著	快消行业必读书,从入门到专业	深入细致,易学易懂
营销案例	**解决方案营销实战案例** 刘祖轲　著	用10个真案例讲明白什么是工业品的解决方案式营销,实战、实用	有干货、真正操作过的才能写得出来
	招招见销量的营销常识 刘文新　著	如何让每一个营销动作都直指销量	适合中小企业,看了就能用
	我们的营销真案例 联纵智达研究院　著	五芳斋粽子从区域到全国/诺贝尔瓷砖门店销量提升/利豪家具出口转内销/汤臣倍健的营销模式	选择的案例都很有代表性,实在、实操!
	中国营销战实录:令人拍案叫绝的营销真案例 联纵智达　著	51个案例,42家企业,38万字,18年,累计2000余人次参与……	最真实的营销案例,全是一线记录,开阔眼界
	双剑破局:沈坤营销策划案例集 沈　坤　著	双剑公司多年来的精选案例解析集,阐述了项目策划中每一个营销策略的诞生过程,策划角度和方法	一线真实案例,与众不同的策划角度令人拍案叫绝、受益匪浅

续表

产品	**产品炼金术Ⅰ:如何打造畅销产品** 史贤龙　著	满足不同阶段、不同体量、不同行业企业对产品的完整需求	必须具备的思维和方法,避免在产品问题上走弯路
	产品炼金术Ⅱ:如何用产品驱动企业成长 史贤龙　著	做好产品、关注产品的品质,就是企业成功的第一步	必须具备的思维和方法,避免在产品问题上走弯路
	新产品开发管理,就用 IPD 郭富才　著	10 年 IPD 研发管理咨询总结,国内首部 IPD 专业著作	一本书掌握 IPD 管理精髓
品牌	**中小企业如何建品牌** 梁小平　著	中小企业建品牌的入门读本,通俗、易懂	对建品牌有了一个整体框架
	采纳方法:破解本土营销 8 大难题 朱玉童　编著	全面、系统、案例丰富、图文并茂	希望在品牌营销方面有所突破的人,应该看看
	中国品牌营销十三战法 朱玉童　编著	采纳 20 年来的品牌策划方法,同时配有大量的案例	众包方式写作,丰富案例给人启发,极具价值
渠道通路	**快消品营销与渠道管理** 谭长春　著	将快消品标杆企业渠道管理的经验和方法分享出来	可口可乐、华润的一些具体的渠道管理经验,实战
	传统行业如何用网络拿订单 张　进　著	给老板看的第一本网络营销书	适合不懂网络技术的经营决策者看
	采纳方法:化解渠道冲突 朱玉童　编著	系统剖析渠道冲突,21 个渠道冲突案例、情景式讲解,37 篇讲义	系统、全面
	学话术　卖产品 张小虎　著	分析常见的顾客异议,将优秀的话术模块化	让普通导购员也能成为销售精英
	销售:如何与客户高层打交道 贺兵一　著	一套完整有效的销售策略	有工具,有方法,有案例,通俗易懂

3A 工厂管理系列丛书

书名及作者	内容简介
比日本工厂更高效 1:管理提升无极限 刘承元　著	以精益管理为切入点,围绕制造类企业最关心的问题,从理论知识、实操指导、案例分析等多角度进行专业阐述,权威专业、可读性强。
比日本工厂更高效 2:超强经营力 刘承元　著	本书主要分析了在已经发生了根本变化的市场竞争环境下,企业经营压力越来越大的现实。指出企业要获得持续盈利,最根本的就是开源和节流,即销售最大化,费用最小化。绩效改进要从战略落地开始,企业要制定一个切实可行的经营计划以及确保计划顺利实施的各项管理指标,使之切实可行,即企业就必须构建一个可持续的全面创新经营架构。
比日本工厂更高效 3: 精益改善力的成功实践 刘承元　著	本书是由全程体验制造业管理的工厂管理专家写成的实用改善书籍。作者创造性地提出了工厂全面改善三大活动形式,并具体介绍了在企业内推进三大活动的程序和技巧,它能够在帮助企业解决经营管理难题的同时,帮助企业持续提升经营管理水平。